DIREITO NOTARIAL E REGISTROS PÚBLICOS
NA PERSPECTIVA DA ADVOCACIA

CIP-BRASIL. CATALOGAÇÃO-NA-FONTE
SINDICATO NACIONAL DOS EDITORES DE LIVROS, RJ

D635

Direito cartorial e registros públicos na perspectiva da advocacia / Celina Duarte Rinaldi ... [at. al] ; organização Gabriela Lucena Andreazza ; Roberto José Pugliese. - 1. ed. - São Paulo : Letras Jurídicas, 2015.
248 p. : il. ; 21 cm.

Inclui bibliografia e índice
ISBN 978-85-8248-074-8

1. Direito notarial e registral. 2. Direito imobiliário. 3. Registros públicos. I. Pugliese, Roberto José. II. Andreazza, Gabriela Lucena. III. Título.

15-22901   CDU: 347.961

20/05/2015   26/05/2015

DIREITO NOTARIAL E REGISTROS PÚBLICOS
NA PERSPECTIVA DA ADVOCACIA

Autores
CELINA DUARTE RINALDI
DENNIS JOSÉ MARTINS
EDSEL NUSDA DE LIMA
GABRIELA LUCENA ANDREAZZA (Coordenadora)
GUILHERME FREITAS FONTES
ROBERTO J. PUGLIESE (Presidente da Comissão)

1ª Edição – 2015 – São Paulo – SP

Comissão de Direito Notarial e
Registros Públicos da OAB-SC.

© Roberto J. Pugliese

©Letras Jurídicas Editora Ltda. – EPP

Projeto gráfico, diagramação e capa
Rita Motta - www.editoratribo.blogspot.com

Revisão
Gabriela Lucena Andreazza e Roberto J. Pugliese

Editor
Cláudio P. Freire

1ª Edição – 2015 – São Paulo-SP

Reservados a propriedade literária desta publicação e todos os direitos para Língua Portuguesa pela LETRAS JURÍDICAS Editora Ltda. – EPP.

Tradução e reprodução proibidas, total ou parcialmente, conforme a Lei nº 9.610, de 19 de fevereiro de 1998.

LETRAS JURÍDICAS
Rua Riachuelo, 217 - 2º Andar - Sala 22 - Centro
CEP 01007-000 – São Paulo – SP
Tel./Fax (11) 3107-6501 – Cel. (11) 9-9352-5354 / 9-9307-6077
Site: www.letrasjuridicas.com.br
E-mail: vendas@letrasjuridicas.com.br

Impressão no Brasil

Agradecimentos ao Dr. Paulo Brincas, presidente da Caixa de Assistencia dos Advogados de Santa Catarina; ao Dr. Otávio Margarida, presidente da Associação dos Notários e Registradores de Santa Catarina e ao professor Cláudio Freire, da Editora Letras Jurídica pelos esforços no sentido de promoverem a ampla divulgação deste trabalho coletivo.

CONSELHO EDITORIAL LETRAS JURÍDICAS

AGOSTINHO DOS SANTOS GIRALDES
ARMANDOALEXANDRE DOS SANTOS
CARLOS FERNANDO MATHIAS DE SOUZA
CINTIA DE FARIA PIMENTEL MARQUES
DIOGO TELLES AKASHI
EDUARDO HENRIQUE DE OLIVEIRA YOSHIKAWA
EDUARDO SALLES PIMENTA
ELIANE PFEFFER
ELIZABETE GORAIEB
FÁBIO ANTONIO CAMARGO DANTAS
FLÁVIO TARTUCCE
GUILHERME EDUARDO NOVARETTI
GUILHERME JOSÉ PURVIN DE FIGUEIREDO
ILDEU DE SOUZA CAMPOS
JOÃO MILTON ANANIAS
JOSE CARLOS MAGDALENA
JUAREZ DE OLIVEIRA
JULYVER MODESTO DE ARAUJO
LAFAYETTE POZZOLI
LUIZ FERNANDO GAMA PELLEGRINI
MARCO ANTONIO AZKOUL
MARIA CLARA OSUNA DIAZ FALAVIGNA
MARIA HELENA MARQUES BRACEIRO DANELUZZI
MARISTELA BASSO
MIRIAN GONÇALVES DILGUERIAN
NELTON AGUINALDO MORAES DOS SANTOS
NORBERTO OYA
OLGA INÊS TESSARI
PAULO RUBENS ATALLA
SÍRIO JWVER BELMENI

DIRETORIA DA OAB/SC

Tullo Cavallazzi Filho
Presidente – OAB/SC 9212

Marcus Antônio Luiz da Silva
Vice-Presidente – OAB/SC 4688

Ana Cristina Ferro Blasi
Secretária-Geral – OAB/SC 8088

Sandra Krieger Gonçalves
Secretária-Geral Adjunta – OAB/SC 6202

Luiz Mario Bratti
Tesoureiro – OAB 3971

COMISSÃO DE DIREITO NOTARIAL E REGISTROS PÚBLICOS DA OAB/SC

Presidente da Comissão
Roberto José Pugliese – OAB/SC 9.059

Membros da Comissão
Andersson Alan Dallagnol – OAB/SC 22.945
Celina Duarte Rinaldi – OAB/SC 11.649
Cláudio José Zucco – OAB/SC 18.685
Dennis José Martins – OAB/SC 19.578
Edsel Nusda de Lima – OAB/SC 39.015
Gabriela Lucena Andreazza – OAB/SC 26.219
Giceli Elisa Scheitt OAB- 37.363
Guilherme Freitas Fontes – OAB/SC 15.148
Marcelo Suplicy Vieira Fontes – OAB/SC 13.884
Micheli Ana Pauli – OAB-SC 19.298
Paulo Quintela - ouvinte

PALAVRA DA COORDENADORA

Em meados de 2012, recebi um contato de um leitor de um artigo intitulado 'Regime Jurídico-Constitucional dos Notários e Registradores' que eu havia publicado em um site jurídico. A mensagem era singela: "Gabriela, parabéns pelo artigo. Informe seu endereço eletrônico. Tenho interesse em trocar informações diversas, atenciosamente, Roberto".

Aquele que apenas se intitulou 'Roberto', logo descobri se tratar do também professor e advogado Dr. Roberto José Pugliese, com quem passei a manter intensa troca de ideias em meio eletrônico. Aprendi rapidamente a admirar e me espelhar neste imortal advogado, Titular da cadeira nº 35 da Academia São-joseense de Letras, que muito antes de eu nascer já contribuía com suas letras para o desenvolvimento da disciplina notarial e registral no Brasil.

Poucos meses depois, no início de 2013, Dr. Roberto engendrou esforços junto à Diretoria da OAB/SC, na gestão do Dr. Tullo Cavalazzi Filho, para ressuscitar a "Comissão de Cartórios Extrajudiciais" da seccional catarinense, estendendo a mim o convite para integrá-la na condição de vice-presidente. Que responsabilidade!

No dia 30 de abril de 2013, às 16h, na sede da OAB/SC em Florianópolis, realizou-se a primeira de muitas reuniões que viriam. Eu estava muito empolgada em descer a serra (moro em Lages) para conhecer meus colegas advogados que tanto teriam a me ensinar e contribuir com o desenvolvimento da advocacia catarinense, no que tange à atuação na área notarial e registral.

O primeiro tópico debatido foi a adaptação do nome da novel comissão para coaduná-lo com a boa técnica jurídica. Assim nasceu a "Comissão de Direito Notarial e Registros Públicos da OAB/SC".

De lá pra cá, mantivemos a assiduidade e o comprometimento na atuação voluntária em prol da advocacia e da sociedade. Houve certa rotatividade nos integrantes da Comissão, mas o grupo que se consolidou acabou por me incumbir de coordenar a presente obra coletiva, desafio que aceitei ciente da responsabilidade. Como o leitor vai observar, não se trata apenas de uma coletânea de artigos esparsos, mas de **trabalhos jurídicos elaborados cuidadosamente por advogados e para advogados**.

Coordenar este trabalho consolidou em mim a ideia de que o Direito Notarial e de Registros Públicos é efetivamente uma ciência posta à disposição da sociedade como um instrumento de profilaxia jurídica, apta a prevenir litígios e fomentar a paz social.

Aos colegas, obrigada pela oportunidade de aprender tanto com vocês.

De coração,

Gabriela Lucena Andreazza
OAB/SC 26.219

PALAVRA DO PRESIDENTE DA COMISSÃO DE DIREITO NOTARIAL E REGISTROS PÚBLICOS DA OAB/SC

Os advogados tradicionalmente ao longo dos tempos tem exercido a tribuna falando pelos anônimos, que sem voz, buscam a tutela de seus direitos e clamam pela justiça.

Através do nobre *múnus* que se lhes atribui valem-se de instrumentos constantemente aperfeiçoados para defesa da ordem jurídica constitucional, pugnando pelo regime democrático em sua plenitude, através do qual inclui-se a justiça social, a tutela de direitos humanos, a dignidade das pessoas e o aprimoramento da administração da justiça, com vista para o bem estar da coletividade e a paz social.

A Ordem dos Advogados do Brasil nesse mister histórico não poupa esforços para que as instituições jurídicas sejam aprimoradas, mormente sendo o advogado indispensável à administração da justiça.

A instituição das diversas Comissões decorre do exposto e são necessárias à própria Ordem para subsidiar através de orientações, pareceres, sugestões e práticas colhidas diuturnamente pelos profissionais, na incansável labuta pelo bom direito e venha cumprir com melhor desenvoltura a finalidade a que se propõe.

O Distinto Conselho Seccional da OAB em Santa Catarina abraçando a mesma proposta estatutária houve criar a Comissão de Direito Notarial e Registros Públicos, visando aperfeiçoar a cultura jurídica para que a sociedade, valha-se dos dignos advogados de seus quadros, que por intermédio dos serviços extrajudiciais, tenham com melhor eficácia e rapidez a concretização dos direitos que clamam.

Expressar a honra que me trouxe assumir a presidência desta Comissão, notadamente lembrando que vivi desde os primeiros anos, dentro das notas desenhadas com primor, sabedoria e generosidade por meu querido pai, torna-se difícil, emudecendo-me sufocado pela emoção e responsabilidades cujo enfrentamento se apresenta diante da rica missão.

Assim, com muito zelo, para povoar as trincheiras do saber, e ter ao meu lado, inteligências destacadas para os embates desta Comissão, fui buscar plêiade de professores e dedicados raros estudiosos dessa especialidade jurídica, de forma a sustentar pelo conhecimento abalizado, as dificuldades inerentes a busca das soluções que seriam apresentadas.

Os ilustrados colegas juristas que participam deste seleto grupo, pela dedicação e sabedoria, me poupam de maiores esforços, tranquilizando-me diante das dificuldades, motivo que sem delongas, valho-me destas linhas para agradecer a todos pela dedicação e carinho que expressam constantemente.

Por oportuno, agradecer a assessoria administrativa que, nos bastidores, revela-se prestativa e competente, promovendo as indispensáveis medidas de apoio para que as propostas deliberadas sejam realizadas.

Enfim, deixar patente, o prestigio recebido da Douta Diretoria do Conselho Seccional, salientando a pessoa do Dígno

Presidente Tullo Cavallazzi Filho, que carimbou extrema confiança ao entregar-me o elevado e honrado cargo para presidir a pioneira Comissão de Direito Notarial e Registros Públicos da Ordem em Santa Catarina.

Aplaudindo os ilustrados pares, expressando consideração e respeito,

Roberto J. Pugliese
Presidente

PREFÁCIO

Com satisfação, recebi convite do presidente da Comissão de Direito Notarial, Roberto Pugliese, para assinar a Apresentação desta obra. Mais que analisar esta coletânea de trabalhos jurídicos realizados pela Comissão, gostaria de destacar a atuação abnegada dos colegas, que durante meses se dedicaram ao estudo das normas jurídicas aplicadas, analisando e comentando cada uma das situações.

Não canso de enaltecer o trabalho de nossas comissões, que como todos sabem, é voluntário. Costumo dizer que as comissões são o pulmão da OAB/SC, pois a elas cabe a difícil missão de assessoramento do Conselho Pleno em temas tão sensíveis à população. Por meio delas, a OAB/SC participa ativamente do dia a dia dos catarinenses, em assuntos tão distintos como saúde, terceiro setor e impostos.

Nesses dois anos frente à entidade, tenho sido testemunha do trabalho incansável dos advogados que, à frente desta importante Comissão, têm realizados estudos de alta relevância. A todos, meus sinceros agradecimentos pela dedicação e zelo com que atenderam ao chamado do Conselho.

A seguir, vocês vão conhecer um pouco do trabalho, extremamente complexo, que trata de temas áridos, como alienação fiduciária, organização de condomínios, contratos de locação, registros e averbações, só para ficar em alguns temas familiares ao público leigo.

Para os jovens, que iniciam na carreira e pretendem atuar na área, esta obra certamente será de grande valor e poderá esclarecer um pouco mais sobre o Direito Notarial. Para os veteranos da área, fica documentado o talento de nossos dedicados membros da Comissão.

Tullo Cavallazzi Filho
Presidente da OAB/SC

O estudo deve ser constante nas atividades notariais, pois, sendo o Direito Notarial ramo da ciência do Direito, como esta, é também dinâmico.

(PUGLIESE, Roberto. Direito Notarial Brasileiro. São Paulo: LEUD, 1989, p. X).

ESTUDA - O direito está em constante transformação. Se não o acompanhas, serás cada dia menos advogado."

(Os Mandamentos do Advogado - Eduardo Couture)"

SUMÁRIO

1 ASSOCIAÇÃO DE MORADORES EM LOTEAMENTOS E CONDOMÍNIOS - DIFERENÇAS E POLÊMICAS 1
Celina Duarte Rinaldi
    1.1 Considerações preliminares. 1
    1.2 Associações, "condomínios de fato" e princípios da liberdade de associação e legalidade 4
    1.3 Loteamentos fechados 8
    Referências 27

2 ATRIBUIÇÃO DE UNIDADES AUTÔNOMAS: QUANDO É NECESSÁRIA? – UMA VISÃO PRÁTICA 29
Dennis José Martins
    2.1 Noções preambulares 29
    2.2 Condomínio comum e condomínio especial. Hipóteses diversas 30
    2.3 Condomínio especial e precedido de incorporação imobiliária. Caso de desnecessidade de atribuição de propriedade 32
    2.4 Condomínio especial precedido de incorporação imobiliária. Situação em que os adquirentes das frações não se tornam co-titulares do direito real de aquisição do terreno, e de todas as futuras unidades autônomas 37

2.5 Princípio da especialidade na incorporação imobiliária como forma de demonstração de que os adquirentes das frações não se tornam co-titulares do direito real de aquisição do terreno e das futuras unidades autônomas...................39
2.6 Situação de existência de condomínio comum. Caso de necessidade de atribuição de propriedade. Possibilidade de realização de atribuição por instrumento público ou particular. Ato meramente declaratório...................40
Referências...................42

3 CONTRATO DE LOCAÇÃO E REGISTRO DE IMÓVEIS.....45
Dennis José Martins
3.1 Introdução...................45
3.2 Documentos passíveis de registro. Escritos públicos e particulares...................46
3.3 Contrato de locação firmado por instrumento particular. Requisitos e qualificação do título para ascender ao registro imobiliário...................47
3.4 Hipóteses de registro e de averbação...................49
3.5 Da vigência da locação na hipótese de alienação do imóvel locado...................51
3.6 Direito de preferência...................54
3.7 Ascensão ao registro do contrato de locação futura..57
3.8 A averbação de ata notarial lavrada unilateralmente...................58
3.9 Considerações finais...................60
Referências...................60

4 A CONTINUIDADE DA RELAÇÃO DE EMPREGO E A RESPONSABILIDADE TRABALHISTA DOS NOVOS DELEGATÁRIOS NOTARIAIS E REGISTRAIS............63

Edsel Nusda de Lima

    4.1 Da Constituição da Relação de Emprego; da Sucessão de Empregadores; e, da Atividade Notarial e de Registro..................64
        a) Da Constituição da Relação de Emprego..........64
        b) Da Sucessão de Empregadores............................67
        c) Da Atividade Notarial e de Registro...................69
    4.2 Da Continuidade da Atividade Notarial e de Registro e a Responsabilidade Trabalhista pela Sucessão de Empregadores.............72
    Referências..................77

5 A (IN)EXIGIBILIDADE DA CERTIDÃO DE FEITOS AJUIZADOS NAS ESCRITURAS PÚBLICAS IMOBILIÁRIAS E A LEI 13.097/2015 79

Gabriela Lucena Andreazza

    5.1 Introdução..................79
    5.2 Contornos jurídicos da atividade notarial. A função profilática do Notário e a segurança jurídica..........80
    5.3 Requisitos das Escrituras Públicas Imobiliárias. Lei 7.433/1985, alterada pela Lei 13.097/2015, e Decreto 93.240/1986..................83
    5.4 A (in)exigibilidade da certidão de feitos ajuizados nas escrituras públicas imobiliárias........................87
        a) Principais argumentos a favor da exigibilidade.....91
        b) Principais argumentos a favor da inexigibilidade....95
        c) Posição Intermediária: dispensa consciente das certidões de feitos ajuizados por parte do adquirente..................100

5.5 Considerações finais. A opção normativa de cada Estado. Lei 13.097/2015: uma tentativa de uniformização 102
Referências...109

6 VIAS PÚBLICAS: ASPECTOS REGISTRAIS IMOBILIÁRIOS..119
Gabriela Lucena Andreazza
6.1 Introdução 119
6.2 O Direito Urbanístico e o Planejamento da Malha Viária..120
6.3 Diferentes Formas de Surgimento da Via Pública.....122
    6.3.1 Registro de Loteamento nos Termos da Lei 6.766/1979..123
    6.3.2 Regularização de loteamento implantado e não registrado por iniciativa do Município.......125
    6.3.3 Desapropriação regularmente promovida pelo ente público 129
    6.3.4 Destinação voluntária pelo proprietário de área privada 132
    6.3.5 O critério da afetação – a desapropriação indireta...133
6.4 Aspectos Registrais: o princípio da unitariedade matricial e a transição do sistema da ordem cronológica em folha coletiva do Decreto 4.857/1939 para o sistema matricial da Lei 6.015/19736 136
6.5 A Retificação Administrativa de Área como Instrumento de Regularização das Vias Públicas e dos Imóveis por ela Cortados 137
6.6 Considerações finais...140
Referências...141

7 EMOLUMENTOS: DA NATUREZA JURÍDICA E DA FORMA LEGAL DE INSTITUIÇÃO E MAJORAÇÃO 145
Guilherme Freitas Fontes
   7.1 Breve intróito 145
   7.2 Definição e reflexões sobre a natureza jurídica dos emolumentos 146
      7.2.1 Definição do vocábulo "emolumento" 146
      7.2.2 Os emolumentos na CF/88 e na legislação federal 147
      7.2.3 A natureza jurídica dos emolumentos segundo o STF 149
   7.3 Arcabouço jurídico para os emolumentos considerando-os como taxa 154
      7.3.1 CF/88 154
      7.3.2 CTN 155
      7.3.3 Especial enfoque ao principio da legalidade .. 156
   7.4 Emolumentos considerados como de natureza jurídica sui generis e regime especial 156
      7.4.1 Argumentos que reforçam a tese de que os emolumentos seriam uma categoria sui generis 156
      7.4.2 Necessidade de respeito ao principio da legalidade, mesmo não considerando os emolumentos como taxa 159
   7.5 Caso prático recente de violação ao princípio da legalidade na instituição de emolumentos 160
      7.5.1 Circular nº 01/2007 expedida pelo Tribunal de Justiça do Estado de Santa Catarina e Lei Complementar Estadual nº 622/2013 160
   7.6 Conclusões 164
   Referências 165

8 ISS INCIDENTE SOBRE A ATIVIDADE NOTARIAL E REGISTRAL: DEDUÇÕES QUANDO DA UTILIZAÇÃO DO PREÇO DO SERVIÇO COMO BASE DE CÁLCULO E POSSIBILIDADE DE COBRANÇA POR VALOR FIXO 167
Guilherme Freitas Fontes
   8.1 Informações preliminares..167
   8.2 ISS: breve histórico, previsão constitucional e legislação atinente..170
   8.3 Base de cálculo do ISS: diferença entre "receitas" e "entradas financeiras" e necessidade de aplicação das deduções..171
   8.4 Sobre os cartórios com estruturas "enxutas" e o direito da cobrança do ISS por meio de valor fixo 178
   8.5 Conclusões 179
   Referências..180

9 A IMPORTÂNCIA DA ATA NOTARIAL 183
Roberto J. Pugliese
   9.1 Considerações iniciais. Histórico 183
   9.2 Natureza Jurídica do Notariado. Breves Considerações.....................................186
   9.3 Dos Atos Notariais..190
   9.4 Atas Notariais..191
   9.5 Considerações finais..197
   Referências..199

10 FUNÇÃO NOTARIAL: DOUTRINA E REFLEXÕES 201
Roberto J. Pugliese
   10.1 Considerações iniciais..201
   10.2 Fé Pública. 206
   10.3 Função Notarial: Considerações Diversas..........210
   10.4 Considerações Finais..220
   Referências..222

Quem Somos Letras Jurídicas Editora................................224

ASSOCIAÇÃO DE MORADORES EM LOTEAMENTOS E CONDOMÍNIOS – DIFERENÇAS E POLÊMICAS

Celina Duarte Rinaldi
OAB/SC 11.649
Integrante da Comissão de Direito Notarial e Registros Públicos da OAB/SC.
Advogada atuante na Comarca de Florianópolis-SC

1.1 Considerações preliminares

O Condomínio Edilício é regulado pelo Código Civil (CC), artigo 1.331 e seguintes, dispondo sobre a forma de criação, *quorum* para votação, além dos direitos e deveres dos condôminos, além da sua administração, sendo obrigatória a existência de síndico e da convenção e regimento.

A base legal dos condomínios, além do CC artigos 1.331-1.358, também está prevista na Lei 10.931/2004 e na Lei 4.591/64, com as modificações da Lei nº 4.864/65.

O condomínio é uma estrutura jurídica complexa, societária e *propter rem*. Em um mesmo conjunto de relações jurídicas, há propriedade individual exclusiva, relação condominial e todas as relações de vizinhança.

Para a criação de um condomínio, deve-se observar três passos.

Primeiramente, o ato de especificação, disposto no art. 1.332 do CC, que pode ocorrer por ato *inter vivos* ou por testamento, registrado no Cartório de Registro de Imóveis. Trata-se da averbação da construção. Deve conter: a) a discriminação e individualização das unidades de propriedade exclusiva, extremadas umas das outras e das partes comuns; b) a determinação de fração ideal atribuída a cada unidade, relativamente ao terreno e partes comuns; c) o fim a que as unidades se destinam.

A convenção é a segunda etapa, que constitui a formação de uma lei interna da comunidade, a fim de conferir caráter normativo: a convenção de condomínio é a norma que disciplina as relações condominiais, verdadeiro estatuto de direitos e obrigações dos proprietários, cessionários e promissários compradores.

O objetivo da constituição do condomínio é regular as relações jurídicas entre os diversos proprietários, não só considerando uns em relação aos outros, porém todos em relação à edificação.

O Art. 1.333 do CC diz que a convenção do condomínio edilício deve ser assinada pelos titulares de, no mínimo, dois terços das frações ideais e registrada no Cartório de Registro de Imóveis, tornando-se, desde logo, obrigatória para os titulares de direito sobre as unidades, ou dos posseiros e detentores. Deve conter, ademais (art. 1.334 do CC): a) a quota proporcional e o modo de pagamento das contribuições dos condôminos para atender às despesas ordinárias e extraordinárias do condomínio; b) sua forma de administração; c) a competência das assembleias, forma de sua convocação e *quorum* exigido para as deliberações; d) as sanções a que estejam sujeitos os condôminos, ou possuidores; e) o regimento interno.

Enfim, o derradeiro requisito é o do registro da convenção de condomínio, consoante estatuído no parágrafo único do art. 1.333. Averbada a construção que discrimina a numeração dos apartamentos (obra física), deve ser registrada a convenção de condomínio. Realizado o registro, quaisquer modificações, visando o desmembramento ou unificação de unidades, mudança na destinação das áreas comuns ou privadas, dependem da anuência unânime dos titulares.

Um dos deveres básicos do condômino é pagar as despesas comuns. Mas esta obrigatoriedade decorre da lei, do próprio fato de ser condômino. E, por ter sido a realização da despesa aprovada com o *quorum* legal, todos se tornam coobrigados, compulsoriamente, ao pagamento, na proporção de suas cotas.

Há três formas de parcelamento do solo urbano, quais sejam, loteamento, desmembramento e condomínio. São formas diferentes, com regras, características, funcionamento e administrações distintas. Enquanto no condomínio há um "coletivo", nas outras duas formas de parcelamento do solo urbano, uma vez concluído o processo administrativo e realizado o assento no Cartório de Registro de Imóveis – seja de criação do loteamento ou de seu desmembramento –, o direito dos proprietários é individual.

Ocorre que, em muitos casos, o parcelamento do solo se dá como loteamento e após, por iniciativa dos moradores (alguns deles), é criada uma associação. O direito de associação é livre, porém, a controvérsia ocorre quando a associação, na prática, busca ter os mesmos "direitos" do condomínio edilício, isto é, o mesmo *status* jurídico deste último, o que constitui, como se verá, séria arbitrariedade.

1.2 Associações, "condomínios de fato" e princípios da liberdade de associação e legalidade

A associação é regulada por artigos da Parte Geral do Código Civil[1]. Dispõe o art. 54 que a associação será regida por seu Estatuto, respeitados diversos requisitos. Vê-se que o ingresso livre em associações não implica, *prima facie*, a compulsoriedade de um condomínio, instituto de direito real deveras diferenciado.

Entretanto, a prática revela que muitas associações passam a administrar os loteamentos, a título de "condomínio", inclusive com portaria fechada, e cobram indiscriminadamente taxas mensais para "administração". Ora, a exigência de tais taxas, por essas associações, àqueles que não são associados é claramente ilegal. Cobram como se fosse um condomínio, sem qualquer respaldo da lei, sob a alegação de ser uma associação de moradores, em tese, sem fins lucrativos.

Alegam as associações, com o fito de justificar tais cobranças aos moradores, que houve vantagens dos não associados pelo seu trabalho, a acarretar enriquecimento ilícito a estes. Ocorre, porém, que a associação não tem amparo legal para cobrar compulsoriamente taxas. Admitir isso é ferir o direito constitucional de livre associação e da legalidade.

---

[1] Art. 53. Constituem-se as associações pela união de pessoas que se organizem para fins não econômicos.
Parágrafo único. Não há, entre os associados, direitos e obrigações recíprocos.
Art. 54. Sob pena de nulidade, o estatuto das associações conterá:
I - a denominação, os fins e a sede da associação; II - os requisitos para a admissão, demissão e exclusão dos associados; III - os direitos e deveres dos associados; IV - as fontes de recursos para sua manutenção; V – o modo de constituição e de funcionamento dos órgãos deliberativos; VI - as condições para a alteração das disposições estatutárias e para a dissolução; VII – a forma de gestão administrativa e de aprovação das respectivas contas.

Além disso, com a devida *venia* às posições que defendem a tese do enriquecimento ilícito nesses casos, esta não merece prosperar: é que a teoria do enriquecimento sem causa não ampara a situação em exame, em que um indivíduo, sem concordar de qualquer modo com modificações em áreas tidas por "comuns" e sem ter qualquer chance de deliberar sobre a realização de benfeitorias, é obrigado a prestação pela qual não pactuou, de modo a se distanciar das exigências legais e morais que permitiriam as cobranças. Em verdade, o que se vislumbra, na prática, é enriquecimento ilícito das associações, que querem vincular quem delas não participa, como se fosse o Estado, propugnando vantagens advindas de atividades que faz voluntariamente. Vide decisão acertada do Tribunal de Justiça do Rio de Janeiro:

> Ninguém é obrigado a contribuir para um serviço que lhe prestem voluntariamente, sem a sua aceitação. Para ilustrar esse caso com outros semelhantes, basta imaginarmos uma pessoa que resolve, todo o dia de manhã, varrer a calçada na frente de uma casa, sem a prévia concordância do morador e, por isso, decide cobrar-lhe uma indenização; ou ainda a pessoa que monta, em frente a casa de outrem, uma lanchonete que valoriza o imóvel, e queira cobrar-lhe uma contribuição.

Qual é a regra jurídica que baseia a obrigação, pelo morador, de pagar certa taxa a determinada associação a que não se filiou, pela qual não optou? O que diz a lei? Se a Lei Maior, Constituição Federal, protege a liberdade de associação, de que forma isso implicaria na obrigatoriedade do morador ter que pagar mensalidades sem ser associado? De fato, deve-se respeitar, no caso, o comando constitucional da legalidade, previsto no art. 5º, inciso II da CF/88, pelo qual "ninguém será obrigado a fazer ou deixar de fazer alguma coisa senão em virtude de lei".

Com efeito, inexiste lei que obrigue o proprietário de um lote que não se associou a pagar taxa para associação, ainda que esta tenha efetuado obras, acessões, benfeitorias, em prol do conjunto de moradores. Não pode haver cobrança compulsória, sob pena de ilegalidade e inconstitucionalidade.

Aliás, vale o socorro, aqui, à teoria garantista, que busca a materialização, tanto formal quanto material, dos direitos inseridos no texto constitucional, retirando-os do status de mera abstração. Na obra "O que é Garantismo Jurídico", Alexandre Morais da Rosa (2003, pg. 37) aduz que a defesa e efetivação do texto constitucional devem ser uma constante:

> É que a Constituição Federal, como norma-mãe (fundamento de validade material e formal do sistema), deve ser suprema. Todos os dispositivos e interpretações possíveis devem perpassar pelo seu controle formal e material, não podendo ser infringida ou modificada ao talante dos governantes públicos, mesmo em nome da maioria – esfera indecidível –, posto que as Constituições rígidas, como a brasileira de 1988, devem sofrer processo específico para reforma, ciente, ainda, da existência de cláusulas pétreas.

O modelo constitucional do Brasil é um modelo rígido. O que isso significa? Existem dois tipos de constituição: as rígidas e as flexíveis. E no dizer de Paulo Bonavides (2004, p. 83):

> Rígidas, são aquelas que não podem ser modificadas da mesma maneira que as leis ordinárias. Demandam um processo de reforma mais complicado e solene. Quase

todos os Estados modernos aderem a essa forma de Constituição, nomeadamente os do espaço atlântico. Variável, porém, é o grau de rigidez apresentado. (...) Constituições flexíveis são aquelas que não exigem nenhum requisito especial de reforma. Podem, por conseguinte, ser emendadas ou revistas pelo mesmo processo que se emprega para fazer ou revogar a lei ordinária.

Violar a constituição, como já dito alhures, significa enfraquecer as instituições, levar ao descrédito, violar o pacto social, que representa o conteúdo da Constituição. A Constituição Federal de 1988 elencou como direito fundamental a liberdade de associação. Isto foi estabelecido, inclusive como cláusula pétrea, representando a vontade da sociedade, as bases do agir político/ jurídico, de todos os poderes e de todas as pessoas.

Não obstante, forçoso reconhecer que, mesmo por parte do morador associado, deve haver a comprovação de que solicitou e aprovou o serviço realizado pela associação. Se ele não é associado ou não aprovou a realização do serviço, na forma do estatuto, a associação o fez sob sua conta e risco.

Geralmente as benfeitorias realizadas nos loteamentos deveriam ser atribuições do Poder Público, já que se trata de uma área pública (loteamento ou área desmembrada) e não fechada (condomínio).

Na qualidade de uma associação, e não de condomínio (é sempre bom reprisar), a associação de moradores não pode confundir suas responsabilidades, incluindo direitos e prerrogativas, com as atribuições do Poder Público. No loteamento, as ruas são públicas e cabe à Prefeitura do Município fazer as benfeitorias de conservação, limpeza das vias públicas, coleta de lixo, segurança, instalação dos serviços de água, energia elétrica, etc.

A contratação do serviço de vigia, de outras melhorias, disponibilizado pela associação, é uma opção de cada morador, contratante, por opção individual ou coletiva, se assim mais de um aderindo a um plano da associação, por livre e espontânea vontade.

Se existe uma associação dos moradores e amigos, a entidade não pode obrigar a cobrança aos não-associados, pois o ingresso e permanência em uma associação são livres, sendo tal um direito fundamental indelével. Não pode uma associação *coagir* os proprietários de lotes a pagarem *taxas condominiais*, sob a alegação de que se o loteamento se trata de um *condomínio de fato*.

1.3 Loteamentos fechados

Pode-se afirmar que o loteamento fechado é uma criação do arquiteto e não do legislador, é uma nova forma de propriedade, que se assemelha ao condomínio edilício. A sociedade de moradores substitui o síndico, já o sistema viário, as áreas verdes, os muros de fechamento e as portarias de acesso equivalem às partes comuns, onde os lotes se assemelham às unidades autônomas e as contribuições para a sociedade são semelhantes às contribuições condominiais.

Hely Lopes Meireles (1982), apesar de reconhecer a inexistência de legislação, diz que o Município pode legislar a respeito do loteamento fechado[2], pois para eles, não há, ainda,

---

[2] Tese, aliás, aceita na jurisprudência: PROCESSUAL CIVIL. ADMINISTRATIVO. MEDIDA CAUTELAR. EFEITO SUSPENSIVO A RECURSO ESPECIAL. AÇÃO CIVIL PÚBLICA. LOTEAMENTO TRANSFORMADO EM CONDOMÍNIO FECHADO. LEI MUNICIPAL AUTORIZADORA.

legislação superior específica que oriente sua formação, mas nada impede que os Municípios editem normas urbanísticas adequadas a essas urbanizações. E tais são os denominados 'loteamentos fechados', 'loteamentos integrados', 'loteamentos em condomínio', com ingresso só permitido aos moradores e pessoas por ele autorizadas e com equipamentos e serviços próprios, para auto-suficiência da comunidade. Essas modalidades

---

CONCESSÃO DE USO. TRANSFERÊNCIA DA MANUTENÇÃO, CONSERVAÇÃO E REALIZAÇÃO DE SERVIÇOS PÚBLICOS. CONSTRUÇÃO DE PORTÕES E/OU CANCELAS. LIMITAÇÃO AOS CIDADÃOS. (...) 4. Ab initio, em sede de cognição sumária, o fumus boni iuris reside no fato de que as edificações in foco foram realizadas com supedâneo na Lei Municipal nº 2.424/1998 e no "Contrato de Concessão firmado com o Município de Itanhaém-SP, consoante se infere do excerto do voto-condutor do acórdão recorrido:"(...) A defesa da ré está centrada na Lei Municipal n- 2424, de 29 de dezembro de 1998 (fls 696, 1 001 e 1.004) e ainda o "Contrato de Concessão Administrativa de Uso de Bens Públicos Municipais" A lei citada "autoriza a transferência da manutenção, conservação e realização de serviços públicos mediante concessão de uso (...)". E o seu art. 3º elenca quais os serviços que, de início, eram prestados pela Municipalidade e que transfere para o particular. E em seu art. 4º estabelece que: "Art 4º - A concessionária deverá organizar sistema de vigilância na área do loteamento com o objetivo de preservar os bens e equipamentos públicos, assim como a tranqüilidade e segurança dos moradores, podendo para tanto implantar sistemas de portarias, como portões e/ou cancelas para o controle de acesso, sem prejuízo do poder de polícia dos Poderes Públicos da Federação, União, Estado e Município". Todavia, em seu parágrafo 3º prevê que: "§ 3 - Em nenhuma circunstância será proibido o trânsito de qualquer pessoas nas referidas áreas, por continuarem a manter as características de bens de uso comum do povo". Observe-se, ainda, que o descumprimento desta norma "implicará no cancelamento sumário da presente concessão" (§ 4º). Ora, o Poder Público autorizou a ré a "(...) implantar sistemas de portarias como portões e/ou cancelas para o controle de acesso" e em seguida fixou que em nenhuma circunstância será proibido o trânsito de qualquer pessoa nas referidas áreas, em face a natureza das vias, isto é, por serem elas "bens de uso comum do povo (...).

merecem prosperar. Todavia, impõem-se um regramento legal prévio para disciplinar o sistema de vias internas (que em tais casos são bens públicos de uso comum do povo) e os encargos de segurança, higiene e conservação das áreas comuns e dos equipamentos de uso coletivo dos moradores, que tanto podem ficar coma Prefeitura como com os dirigentes do núcleo, mediante convenção contratual e remuneração dos serviços por preço ou taxa, conforme o caso.

Maria Helena Diniz (2008, p. 250) conceitua loteamento fechado da seguinte forma:

> O loteamento ou condomínio fechado, bairro urbanizado para fins residenciais ou recreativos, conjunto de casas em vilas fechadas por portão de aceso à via pública protegido por muro e portaria, que controla a passagem, clube de campo dotado de vias públicas e praças particulares, de áreas de lazer pertencentes ao domínio privado auto-regulamentado por convenções assembleares constituem uma modalidade de condomínio especial prevista no art 8º da lei 4.591/64. Cada titular é proprietário de sua casa, podendo cerca-la conforme a convenção e aliená-la com o terreno reservado sem contudo ter o direito de dissociá-la do conjunto condominial e apoderar-se das áreas comuns.

O Professor José Afonso da Silva (1981, pp. 400-402) ensina:

> A denominação de 'loteamento fechado' vem sendo atribuída a certa forma de divisão de gleba em lotes para edificação, que, embora materialmente se assemelhe ao loteamento, na verdade, deste se distancia no seu regime como nos efeitos e resultados. Não se trata, por isso

de instituto do parcelamento urbanístico do solo, ainda que possa ser considerado uma modalidade de urbanização, porque traduz num núcleo populacional de caráter urbanos. Modalidade especial de aproveitamento do espaço, não pode o Direito Urbanístico desconhecê-la, a despeito de reger-se por critérios do Direito Privado entre nós, sob forma condominial

O modo convencional de loteamento é a subdivisão voluntária em parcelas edificáveis (lotes), com abertura de vias e logradouros públicos, na forma da legislação pertinente. Esse loteamento fica sujeito às normas civis estabelecidas pela União (Código Civil e Lei 6.766/79, com as alterações inseridas pela Lei 9.785/99) e por normas urbanísticas impostas pelo Município na tutela dos interesses locais, de acordo com critérios de competência definidos pela Constituição Federal.

Vale ressaltar que as unidades loteadas e compromissadas à venda regem-se por normas específicas em Lei Federal, que objetiva o adimplemento do contrato, a regularidade formal do pacto imobiliário e as hipóteses de rescisão.

Por outro lado, os loteamentos fechados, também conhecidos por condomínio horizontal ou loteamento especial, vêm sendo implantados sem que haja um sistema jurídico adequado para esse tipo de empreendimento. Tais loteamentos são bem diferentes dos convencionais, pois as áreas de domínio público têm utilização privativa por moradores.

No loteamento fechado, as ruas e praças são bens públicos, mas, por ato normativo municipal (que pode ser lei ou decreto), admite-se o fechamento desta área, por motivos de segurança, privacidade. Nem por isso, entretanto, o loteamento deixa de ser tutelado pela Lei nº 6.766/79, impondo ao registrador examinar a documentação com base nesse diploma legal.

As grandes questões que surgem nos loteamentos fechados giram em torno: i) das vias de circulação e logradouros públicos; ii) da liberdade de associação, posto não se tratar de condomínio (em sua abordagem jurídica) e iii) da cobrança compulsória ou não de taxas.

A prefeitura aprova um loteamento, com as exigências da Lei Federal, e, após, este se transforma em loteamento fechado, muitas vezes, fora do perímetro urbano, ainda que próximo, podendo, futuramente, vir a integrar a expansão urbana.

Após a conclusão do empreendimento, os proprietários dos lotes, ou parte deles, passam a administrar as áreas de domínio público, com ou sem a anuência da prefeitura.

Ora, o loteamento, após sua aprovação pela Prefeitura, deverá ser registrado no Cartório de Registro de Imóveis dentro de 180 dias, passando para o Município todas as áreas livres, praças, logradouros, conforme o artigo 22 da lei referida acima[3]. Portanto, qual é o sustentáculo legal que permite, aos proprietários, murar toda a extensão do loteamento, inclusive as áreas livres e logradouros que passaram a integrar o patrimônio do município?

Muitos civilistas se opõem à lavratura desses atos normativos, que autorizam o fechamento da área loteada, a exemplo de Suely Mara Vaz Guimarães de Araújo, Consultora Legislativa da Área XI Meio Ambiente e Direito Ambiental, Organização Territorial, Desenvolvimento Urbano e Regional (abril/2004), defende inexistir sustentação jurídica para os loteamentos fechados:

---

[3] Que dispõe: "Desde a data do registro do loteamento, passam a integrar o domínio do Município as vias e praças, os espaços livres e as áreas destinadas a edifícios públicos e outros equipamentos urbanos, constantes do projeto e do memorial descritivo"

O fechamento do perímetro do loteamento por muros ou cercas e o conseqüente uso exclusivo das vias públicas contraria todo o espírito das normas sobre loteamentos constantes da Lei 6.766/79. A lei inclui como requisito urbanístico para os loteamentos a articulação das vias a serem implantadas com as vias adjacentes (art. 4º). A lei exige a reserva de áreas para implantação de equipamentos públicos de educação, cultura, saúde e recreação, que, como as vias de circulação, também passam para o domínio do município no ato de registro do parcelamento e serão utilizadas por toda a coletividade (arts. 4º e 22).

Amparando tal entendimento, o Decreto Lei nº 271/67, que dispõe, em seu artigo 4º:

> Desde a data da inscrição do loteamento passam a integrar o domínio público do município as vias e praças e áreas destinadas a edifícios públicos e outros equipamentos urbanos, constantes dos projetos e do memorial descritivo.

O artigo 3º do Decreto-Lei nº 58 de 1937, por sua vez, diz serem inalienáveis tais espaços públicos. *In verbis*:

> A inscrição torna inalienáveis por qualquer título, as vias de comunicação e os espaços livres constantes do memorial e da planta.

Além disso, o uso privativo de vias públicas e áreas verdes públicas, bens de uso comum do povo, deve ser admitido apenas excepcionalmente, não como regra, além do que os contratos de concessão ou permissão de uso exigem licitação.

D'outro norte, sabe-se que os loteamentos fechados ou com diferentes graus de controle de acesso têm fortes defensores, inclusive entre juristas importantes. Toshio Mukai, por exemplo, sustenta a possibilidade de firmarem-se contratos de concessão ou permissão de uso de vias públicas no caso de loteamentos implantados na forma da Lei 6.766/79, com base na dispensa de licitação por inviabilidade de competição, bem como de implantarem-se portarias para identificação das pessoas que pretendem entrar no perímetro controlado. Em parecer de sua autoria a consulta feita pela Congregação das Associações da Serra da Cantareira, referente à constitucionalidade de lei municipal que autoriza a concessão de uso de bens públicos de uso comum à associação de moradores, e a realização pela associação de serviços de manutenção desses bens e outros de interesse dos moradores, lê-se:

> (...) no interior do conceito de autonomia municipal, encontra-se a autonomia administrativa por meio da qual, dentre outras atividades, a Prefeitura Municipal executa as leis aprovadas pela Câmara Municipal, administra os bens públicos e os serviços municipais. Tais poderes executivos autorizam a Prefeitura a conceder o uso de bens públicos, sejam estes de uso comum do povo ou dominicais, ou a delegar a particulares a execução de determinadas obras ou serviços municipais atendendo ao interesse local. (...)
> "(...) não se infringiu qualquer dispositivo da legislação federal sobre licitações e contratos administrativos, pois a associação de moradores não foi contratada pela Prefeitura para a execução dos serviços delegados nem como concessionária do uso dos bens públicos integrantes do loteamento. Tanto os serviços quanto as obras e a própria concessão de uso foram transferidos à

associação de moradores sem qualquer ônus ou encargo financeiro, (...).
"Trata-se, sob este aspecto, de hipótese de inexigibilidade de licitação autorizada no caput do art. 25 da Lei Federal nº 8.666/93 porque inviável a competição neste caso. (...)"
"A construção de portaria com cancela na entrada do loteamento, por si só, não implica em qualquer infração ao direito de livre locomoção dos cidadãos assegurado no inciso XV do art. 5º da Constituição Federal e, muito menos ainda, a prática de constrangimento ilegal. Exigir a simples identificação do interessado para ingresso no loteamento não significa impedi-lo. (MUKAI, 1998, p. 459 a 468).

Não obstante a força argumentativa, não se pode concordar com essa posição. Bens de uso comum do povo devem ser utilizados livremente, respeitado o controle pelo poder instituído sobre a segurança e o patrimônio públicos. O controle do acesso pela associação de moradores e o cercamento do loteamento entram em choque com a previsão de utilização por qualquer do povo e, sobretudo, com os princípios da legalidade e republicano.

Para a implantação de empreendimentos com perímetro fechado, impõe-se o regime condominial. Não se pode conceber, à luz do direito, o loteamento fechado, apenas o condomínio urbanístico, nas áreas da cidade onde a legislação municipal prevê a possibilidade de sua implantação. No regime condominial, a obrigação de instalação e manutenção de infra-estrutura e equipamentos internos é dos condôminos. Não há apropriação de investimentos públicos por um grupo específico de pessoas.

Por fim, deve-se dizer que apenas um morador seria suficiente para obstar a iniciativa de transformação de um loteamento já implantado em loteamento fechado, ou o Ministério Público, no âmbito de uma ação civil pública, representando os interesses da comunidade.

Há jurisprudência caminhando no sentido de não legitimar atitudes desse jaez, como o fechamento de ruas existentes ou a compulsoriedade de associação e pagamento de taxas que daí advém. Nesse sentido, há julgados do Tribunal de Justiça do Estado de São Paulo e de Minas Gerais:

> AÇÃO DIRETA DE INCONSTITUCIONALIDADE DE LEI - Loteamento de forma fechada - Adoção para loteamento já existente - Impossibilidade -Transgressão à regra do artigo 180, VII da Constituição Estadual. "Considera-se ofensivo ao artigo 180, VII, da Constituição do Estado dispositivo de lei municipal que autoriza a formação de loteamento fechado para o loteamento já existente, de modo que possa ocorrer o desvirtuamento das funções das áreas verdes ou institucionais especificadas no projeto original do loteamento.

Lê-se na decisão:

> Indiscutível é a possibilidade de criação originária de loteamento fechado 'em terreno onde não houver Edificação' (Lei nº 4.591, de 16.12.64, art. 8º; R.T. 619/98, 645/166 e 734/466).
> Sendo antigo o loteamento, entretanto, com suas ruas sempre abertas à livre circulação de veículos e pedestres, é descabido o seu fechamento artificial posterior, para a formação de conjunto autônomo de moradias, enquistados dentro do conglomerado urbano, ao arrepio do disposto no artigo 17 da Lei nº 6.766/79 e na mencionada norma da Constituição Paulista. "Já se pronunciou

inúmeras vezes esta Corte, reconhecendo a inconstitucionalidade de leis municipais em desacordo com a regra cogente da Constituição Estadual. É que 'a desafetação do bem e sua inclusão na categoria de bens alienáveis constitui operação legislativa normal, prevista no artigo 67 do Código Civil. Há necessidade, porém, de a lei subordinar-se à lei maior, para obter legitimidade.'

Os julgados abaixo do E. Tribunal Mineiro, condena, a criação de condomínio fechado, que obriga os proprietários a se associarem:

> AÇÃO DIRETA DE INCONSTITUCIONALIDADE - LEI N.º 2.759/2007 DO MUNICÍPIO DE LAGOA SANTA, ART. 46, II, IV, PARÁGRAFO ÚNICO - PARCELAMENTO DO SOLO URBANO - CONDOMÍNIO FECHADO EM LOTEAMENTO ABERTO - CRIAÇÃO - INCISO XX DO ART. 5º DA CR/88 - VIOLAÇÃO - PRINCÍPIO DA SEPARAÇÃO DOS PODERES - OBSERVÂNCIA - COMPETÊNCIA DO PODER EXECUTIVO - REPRESENTAÇÃO PARCIALMENTE PROCEDENTE.
> - O Município por necessidade lógica e expressa disposição constitucional deve obedecer aos princípios plasmados na CR/88, por força do art. 165, parágrafo 1º, da CEMG.
> - Compete privativamente ao Executivo Municipal a aprovação de projetos de edificação e planos de loteamento, arruamento e zoneamento urbano, haja vista tratar-se de atividade tipicamente administrativa.
> - A criação de condomínio fechado em loteamento aberto já existente fere o direito fundamental de livre associação (inciso XX do art. 5º da CR/88), haja vista que obrigará todos os proprietários dos lotes a se associarem independentemente de sua vontade.

- A obrigatoriedade de anuência prévia de setor técnico da Prefeitura Municipal para a modificação da Lei em nada atinge o princípio da separação e independência dos Poderes.

Por outro lado, alguns juristas admitem a figura dos loteamentos fechados, autorizando o município o uso das suas áreas, através de permissão de uso, ou da concessão de uso. Aliás, este vem sendo o entendimento do Superior Tribunal de Justiça:

> RECURSO ESPECIAL. AÇÃO CIVIL PÚBLICA. IMPUGNAÇÃO DE ATO DE INCORPORAÇÃO IMOBILIÁRIA. CONDOMÍNIO ESPECIAL HORIZONTAL DE CASAS (LEI 4.591/64). ALEGADA BURLA AO SISTEMA DE LOTEAMENTO URBANO PREVISTO NA LEI 6.766/79. NÃO CONFIGURAÇÃO. INCORPORADORA. RESPONSABILIDADE PELA CONSTRUÇÃO. ATRIBUIÇÃO AOS ADQUIRENTES DO IMÓVEL. POSSIBILIDADE. CUMPRIMENTO DOS REQUISITOS PREVISTOS NA LEI 4.591/64. SÚMULAS 5 E 7/STJ.
> 1. O recurso especial não é viável quanto à alegada ofensa ao art. 32 da Lei Municipal 3.525/98, tendo em vista o enunciado 280 da Súmula do eg. Supremo Tribunal Federal.
> 2. O loteamento, disciplinado pela Lei 6.766/79, difere-se do condomínio horizontal de casas, regulado pela Lei 4.591/64 (art. 8º). E a diferença fundamental entre o loteamento (inclusive o fechado) e o condomínio horizontal de casas consubstancia-se no fato de que no primeiro há mero intuito de edificação (finalidade habitacional), sem que, para tanto, haja sequer plano aprovado de construção. No segundo, no entanto, se ainda não houver a edificação pronta ou em construção, deve, ao menos, existir aprovação de um projeto de construção.

3. Na hipótese dos autos, a colenda Corte Estadual - com base na análise do projeto de implantação de condomínio de casas previamente aprovado pela Prefeitura, do memorial descritivo das especificações da obra, do ato de incorporação do condomínio registrado no Cartório de Registro de Imóveis, bem como dos contratos de compra e venda entabulados entre os adquirentes das unidades autônomas e a incorporadora - concluiu que se tratava de verdadeiro condomínio horizontal de casas e de incorporação imobiliária, e não de loteamento. Entendeu, nesse contexto, que foram cumpridos os requisitos previstos na Lei 4.591/64. Além disso, concluiu que não houve a alegada burla ao regramento cogente da Lei 6.766/79, uma vez que não ficou comprovada nenhuma intenção da incorporadora no sentido de vender unicamente lotes de terreno.

4. O fato de a incorporadora não ficar responsável pela edificação direta das casas do condomínio não caracteriza, por si só, burla ao sistema de loteamento previsto na Lei 6.776/79. Ao contrário, o art. 29 da Lei 4.591/64 expressamente prevê essa possibilidade, permitindo ao incorporador, quando não for também construtor, escolher tão somente alienar as frações ideais, sem se comprometer com a execução direta da construção do empreendimento incorporado, de modo que esta poderá ser contratada, em separado, pela incorporadora ou pelos adquirentes do imóvel, com terceiro – o construtor. Nessas hipóteses, para que fique caracterizada a vinculação entre a alienação das frações do terreno e o negócio de construção, basta que o incorporador, no ato de incorporação, providencie, perante a autoridade administrativa competente, a aprovação de projeto de construção.

5. No caso em apreço, consoante se dessume dos v. acórdãos (apelação e embargos infringentes) proferidos pela colenda Corte local, a incorporadora apenas celebrou

contrato de compra e venda de frações ideais, vinculando-o a projeto de construção aprovado pela Municipalidade, não ficando ela própria responsável pela construção das casas nos condomínios. A incorporadora, autorizada pela Lei 4.591/64, providenciou a aprovação de projeto de construção perante a Administração Municipal e o incluiu no Memorial de Incorporação, levado a Registro no Cartório Imobiliário. No contrato celebrado comos adquirentes do imóvel, ficou firmada a responsabilidade destes em providenciar a obra em conjunto com a construtora.

6. Diante das conclusões da colenda Corte de origem, delineadas com base no acervo fático-probatório dos autos e nas cláusulas dos ajustes celebrados entre as partes, não há outra solução senão, na via estreita do recurso especial, adotar o suporte fático delineado na instância ordinária, tendo em vista os óbices previstos nos enunciados nº 5 e 7 da Súmula do eg. STJ, para, então, concluir pela lisura do ato de incorporação imobiliária do empreendimento, registrado no Registro de Imóveis competente e aprovado pelo Município.

7. Recurso especial parcialmente conhecido e, nessa parte, improvido.

Há uma forte corrente doutrinária e jurisprudencial que defende a inconstitucionalidade de qualquer lei municipal que trate do parcelamento do solo urbano em modalidade diversa da instituída pela Lei 6.766/79, por ser competência federal criar formas de parcelamento do solo urbano.

Apelação Cível nº 79.443.4/9, da Comarca de Sumaré, julgada pela Quinta Câmara de Direito Privado do Tribunal de Justiça de São Paulo, em 13 de maio de 1999, manteve sentença de procedência em ação declaratória de inexistência de condomínio, contra Sociedade de Proprietários das Chácaras Grota Azul, extraindo-se dos autos:

> Pelo que consta dos autos, o loteamento em questão foi constituído inicialmente nos termos do Decreto-Lei nº 58/37.
> Ocorre que determinado grupo de pessoas formaram uma sociedade, cujos atos constitutivos foram registrados no Cartório de títulos e Documentos local, a fim de unir esforços no sentido da conservação e manutenção das ruas, praças e logradouros internos do loteamento, impondo o pagamento de contribuição pelas despesas a eles relativos a todos os proprietários ali existentes.
> Ora, não poderia a Municipalidade de Sumaré editar Decreto Municipal (nº 1341, de 29 de dezembro de 1975) e Lei (nº 1297, de 23 de dezembro de 1975) regulando matéria que não se insere em sua competência, o que se afigura inconstitucional. Lembre-se, compete ao município, nos termos do art. 30, inciso VIII, da Constituição Federal: "promover, no que couber, adequado ordenamento territorial, mediante planejamento e controle do uso, do parcelamento e da ocupação do solo urbano", o que não é a hipótese dos autos. Ou seja, a Municipalidade restringiu o direito de propriedade dos adquirentes dos imóveis ali situados, determinando o fechamento do loteamento e sua submissão à convenção de condomínio formado, sem que houvesse manifestação de vontade de todos nesse sentido. Frise-se, não ser de competência do Município a matéria relativa a condomínio.
> Além disso, os requisitos exigidos pela Lei nº 4.591/64, conforme bem ressaltado na r. sentença, não foram atendidos pela ré e que se tenha o loteamento por condomínio por unidade autônoma. Tampouco, inaplicável à

espécie a Lei nº 6.766/79, pois não observadas, da mesma forma, as disposições ali constantes à formação de loteamento.

A Terceira Turma do Superior Tribunal de Justiça reiteradas vezes vinha decidindo que associação não pode cobrar taxas a título de condomínio de quem não é associado, não sendo o proprietário do lote, por consequência, obrigado a pagar a taxa à associação de moradores. Já a Quarta Turma da Corte apresentava entendimento um tanto destoante:

> LOTEAMENTO. ASSOCIAÇÃO DE MORADORES QUE COBRA CONTRIBUIÇÃO COMPULSÓRIA POR SERVIÇOS PRESTADOS. ALEGAÇÃO DE QUE A OBRIGAÇÃO FOI ASSUMIDA QUANDO DA AQUISIÇÃO DO TERRENO. RECURSO ESPECIAL COM BASE NA ALÍNEA "C".
> - NÃO-CUMPRIMENTO DAS EXIGÊNCIAS PREVISTAS NOS ARTS. 541, PARÁGRAFO ÚNICO, DO CPC, E 255, § 2º, DO RISTJ. DISSONÂNCIA INTERPRETATIVA NÃO DEMONSTRADA.
> - NÃO OBSTANTE A POLÊMICA EM TORNO DA MATÉRIA, COM JURISPRUDÊNCIA OSCILANTE DESTA CORTE, A POSIÇÃO MAIS CORRETA É A QUE RECOMENDA O EXAME DO CASO CONCRETO. PARA ENSEJAR A COBRANÇA DA COTA-PARTE DAS DESPESAS COMUNS, NA HIPÓTESE DE CONDOMÍNIO DE FATO, MISTER A COMPROVAÇÃO DE QUE OS SERVIÇOS SÃO PRESTADOS E O RÉU DELES SE BENEFICIA. NO CASO, O EXAME DESSA MATÉRIA SIGNIFICA REVOLVER OS SUBSTRATOS FÁTICOS DA CAUSA DECIDIDA, INCIDINDO, PORTANTO, AS SÚMULAS 5 E 7/STJ.
> - RECURSO ESPECIAL NÃO CONHECIDO.

Remetida a divergência à Segunda Seção, pacificou-se o entendimento seguinte:

> AGRAVO REGIMENTAL. RECURSO ESPECIAL. LOTEAMENTO FECHADO. ASSOCIAÇÃO DE MORADORES. PRESTAÇÃO DE SERVIÇOS. COBRANÇA DE ENCARGO A NÃO ASSOCIADO. ILEGALIDADE. NÃO CONFIGURAÇÃO DE CONDOMÍNIO.
> 1. A Segunda Seção desta Corte Superior pacificou o entendimento de que a associação de moradores, qualificada como sociedade civil, sem fins lucrativos, não tem autoridade para cobrar taxa condominial ou qualquer contribuição compulsória a quem não é associado, mesmo porque tais entes não são equiparados a condomínio para efeitos de aplicação da Lei 4.591/64.
> 2. Agravo regimental a que se nega provimento.

O Supremo Tribunal Federal também já se manifestou a respeito, decidindo que a associação não pode "compelir o proprietário dos lotes a associar-se ou impor-lhe contribuições compulsórias". Veja-se a ementa da decisão:

> ASSOCIAÇÃO DE MORADORES – MENSALIDADE – AUSÊNCIA DE ADESÃO. Por não se confundir a associação de moradores com o condomínio disciplinado pela Lei nº 4.591/64, descabe, a pretexto de evitar vantagem sem causa, impor mensalidade a morador ou a proprietário de imóvel que a ela não tenha aderido. Considerações sobre o princípio da legalidade e da autonomia da manifestação de vontade – artigo 5º, incisos II e XX, da Constituição Federal.

Ademais, pende de julgamento o RE 695911, relator Min. Dias Toffoli, que trata da constitucionalidade de cobrança, por parte de associação, de taxas de manutenção e conservação de loteamento imobiliário urbano de proprietário não-associado. Desta vez, foi reconhecida a repercussão geral da matéria, isto é, a indicar pronunciamento definitivo da Corte Suprema, objetivando a segurança jurídica a respeito da tormentosa discussão. Inclusive, foi admitido o ingresso de diversos *amici curiae*, dada a relevância social, política e jurídica da matéria.

O advogado do Rio de Janeiro, Sérgio Couto, em artigo intitulado "Associações de Moradores (As que estão à direita e à esquerda da ordem jurídica)", a que se recomenda sua leitura integral, faz sérias críticas às cobranças compulsórias feitas pelas associações a proprietários, sem a anuência destes. Trata do célebre caso da SOPRECAM (Sociedade Pró-Preservação Urbanística e Ecológica), que funciona no Bairro de Camboinhas (de acesso livre a qualquer do povo, onde se situam hotéis, delegacias de polícia, escolas, etc.), na Região Oceânica de Niterói/RJ, exigindo cotas de qualquer pessoa física ou jurídica que lá se instale, subrrogando-se ao Estado na espúria cobrança de "tributo" mensal:

> É o que acontece, ordinariamente, com as chamadas cobranças de cotas impostas por "Associação de Moradores" ou como se costuma designar "Condomínio Atípico", que vem agindo como substituta do próprio Estado, na arte da esfolação do incauto morador, proprietário de lotes ou residências. O pretexto para cobrança das cotas condominiais é sempre o mesmo: alegação de inadimplência do proprietário que se recusa a pagar sua contribuição, que se locupleta injustamente dos pretensos serviços prestados pela Associação. Aos olhos desavisados nada mais ignominioso, tanto quanto o nome do presumido devedor que é exposto à execração pública na comunidade onde vive.

Há, porém, de se fazer uma distinção entre uma Associação pura e uma impura: a primeira, realmente presta serviços nos loteamentos particulares, aqueles que para se ter acesso a eles, não é tarefa fácil para os estranhos ou mesmo parentes que terão de esbarrar, desde logo, nas guaritas de proteção guardada pelos vigilantes que são estipendiados pelo Condomínio, entre outros serviços inquestionáveis usufruídos pelos moradores. A celebração, nesse caso, é legítima. Os loteamentos impuros, que a partir desse instante nos ocuparemos, são aqueles que funcionam em logradouros públicos, cuja natureza artificiosa e abstrata, funciona por meio de um colorido formal que são os estatutos das Associações, subscritos por alguns poucos, devidamente instrumentalizados, mas que alcançarão a muitos, vale dizer a todos os moradores, que terão de sustentar o "condomínio atípico", mesmo que ele não apresente resultados visíveis a cada morador. Alega-se nesse tipo de associação proveitos difusos nem sempre identificáveis, mas uma coisa é certa: todos devem pagar uma contribuição pecuniária, queiram ou não!
(...)
O STJ considerou, no julgamento do REsp. 261.892-SP, Min. Ruy Rosado, que o proprietário de loteamento administrado por entidade que presta serviços no interesse da comunidade (distribuição de água, conservação de calçamento, portaria, segurança, etc.) deve contribuir para acertamento dessas despesas, sob pena de enriquecimento injusto.
Pois bem. O enriquecimento injusto está previsto no artigo 884, do CC, que estabelece, como pressuposto do dever restituição, a falta de justa causa para o enriquecimento de alguém que se aproveita de atos de outrem (o que empobrece).
(...)

Essa discussão é grandiosa, embora o valor da prestação não seja tão expressivo em termos financeiros (R$ 115,00) mensais. O debate representa a defesa da cidadania ou mais precisamente, o direito de viver de acordo com a escolha da opção legítima conferida pela ordem jurídica. Se a Constituição nos obriga a fazer aquilo que somente a lei exige, não devemos reverenciar exigências que destoam da legalidade, que nos obriguem a custear algo que não sentimos ou auferimos de forma concreta.
(...) três princípios que derivam da Carta Magna:
Ninguém é obrigado a associar-se contra sua vontade, certo que alguém só pode fazer ou deixar de fazer alguma coisa senão em virtude da lei. Além do mais, não se permite afronta do direito de propriedade.
(...)
Uma reflexão final: em muitas ocasiões o cidadão se vê desamparado pelo Estado, embora seja ele a representação máxima da vontade popular. Em um mundo neoliberal e globalizado, a sua presença tende a diminuir. É preciso rever o seu conceito, reforçando o pacto social. Permitir, porém, que o particular o substitua, manu militari, força convir, só com uma revolução, não querida por ninguém.

A tendência é que toda a discussão seja pacificada pela jurisprudência do Supremo Tribunal Federal em breve, com o julgamento definitivo do mencionado RE 695911. Fenômeno, aliás, comum este de lançar à Suprema Corte controvérsias que já deveriam ter sido resolvidas por meio de lei que as regulamentasse. Mais uma vez, demonstrada a incapacidade do Congresso Nacional em dar uma resposta (tempestiva) a problemas sociais latentes. Ao menos no caso *sub examine*, nota-se que o STF, ao decidir de maneira vinculante a matéria, não estará interferindo indevidamente na esfera de atuação exclusiva de outros poderes, o que por vezes ocorre em discussões de grande relevância.

Não resta dúvida, por fim, que, juridicamente, o denominado loteamento fechado ou sociedade constituída entre proprietários de lotes não se confunde com o condomínio. Mais do que aresto definindo a matéria, é de se ressaltar que a figura "loteamento fechado" carece de legislação específica, a nível federal, visto que, da forma como vem sendo criado, muitos problemas surgem.

Referências

ARAÚJO, Suely Mara Vaz Guimarães de. Consulta Legislativa da Área XI Meio Ambiente e Direito Ambiental, Organização Territorial, Desenvolvimento Urbano e Regional (abril/2004). Disponível em: <http://condominios.arrobaverde.com.br/consulta_legislativa.html>. Acesso em: 31 de maio de 2014.

BONAVIDES, Paulo. Curso de direito constitucional. 15ªed. SÃO PAULO: Malheiros, 2004.

COUTO. Sérgio. Associações de Moradores (As que estão à direita e à esquerda da ordem jurídica). Disponível em <http://www.nagib.net/index.php/variedades/artigos/civilprocessconsu/305-associacoes-de-moradoreslbrg-ligas-que-estao-a-direita-e-a-esquerda-da-ordem-juridicalig#sthash.Jl2TJcmS.dpuf>. Acesso em 31 de maio de 2014.

DINIZ, Maria Helena. Curso de Direito Civil Brasileiro. v. 4, Direito das Coisas. 24ª Ed. São Paulo: Saraiva, 2010.

MEIRELLES, Hely Lopes. Direito Municipal Brasileiro. Revista de Direito Imobiliário nº 9 – janeiro-junho de 1982, São Paulo, RT.

MUKAI, Toshio, Parecer, in Boletim de Direito Municipal, Editora NDJ Ltda., nº 8, agosto de 1998, pp. 459 a 468.

SILVA, Afonso da. Direito Urbanístico Brasileiro. 1ª ed., São Paulo: Ed. Revista dos Tribunais, 1981.

ROSA, Alexandre Morais. O que É Garantismo Jurídico? (Teoria Geral do Direito). Florianópolis: Habitus, 2003.

TEPEDINO, Gustavo. Crise de Fontes Normativas e Ténica Legislativa. Rio de Janeiro: Renovar, 2002.

Julgados

STF. RE 432106 / RJ - Rio De Janeiro. Relator: Min. Marco Aurélio. J. 20/09/2011. Órgão Julgador: Primeira Turma.

STJ. MC 15726/SP 2009/0124772-0. RELATOR: Ministro Luiz Fux. J. 20/04/2010.

STJ. REsp 709403/SP. Relator: Ministro Raul Araújo. Órgão Julgador: Quarta Turma. J. 06/12/2011

STJ. REsp 302538/SP. 2001/0010829-6. Relator Ministro Luis Felipe Salomão. Órgão Julgador: Quarta Turma. J. 05/08/2008.

STJ. AgRg no REsp 1190901/SP. Relator Min. Vasco Della Giustina – desembargador convocado do TJ/RS. Órgão Julgador - Terceira Turma. J. 03/05/2011. TJ-MG. 10000100084714000 MG. Relator: Belizário De Lacerda. Órgão Julgador: Órgão Especial. J. 26/02/2014.

TJ-RJ. AC. 2003.001.27540, Relatora Desa. Maria Augusta Vaz Monteiro de Figueiredo.

TJ-SP. ADIN N. 87.654.0/0, Relator: Ernani de Paiva. J. 30/04/2003

2}

ATRIBUIÇÃO DE UNIDADES AUTÔNOMAS: QUANDO É NECESSÁRIA? – UMA VISÃO PRÁTICA

Dennis José Martins
OAB/SC 19.578
Especialista em Direito Ambiental.
Membro da Comissão de Direito Notarial e Registros Públicos da OAB/SC.
Advogado.

À Maíra.

2.1 Noções preambulares

A legislação brasileira contempla clara distinção entre o condomínio comum, regido pelo Código Civil e o condomínio especial, previsto na Lei n.º 4.591/64. Em ambas as hipóteses, dependendo da forma jurídica empreendida pelas partes que celebraram o negócio, visando à consecução do objetivo de realizar um empreendimento imobiliário, podemos ter ou não a necessidade de se proceder à atribuição de propriedade.

O presente estudo visa perquirir acerca dos casos em que a atribuição, tema pouco estudado na doutrina, se faz ou não necessária.

2.2 Condomínio comum e condomínio especial. Hipóteses diversas

Como resultado da comunhão de esforços para o desenvolvimento de um empreendimento imobiliário, podemos ter a situação em que várias pessoas adquirem juntamente um terreno e nele resolvem construir um edifício de apartamentos unindo seus recursos financeiros, tornando-se, ao final, co-proprietárias de todas as unidades.

Nesse passo, ainda que ao final da construção, obtido o *habite-se*, optem por instituir o condomínio, podem naturalmente pretender a manutenção de sua situação de condôminas sobre cada uma das unidades, ou seja, manterem-se proprietárias de uma fração da propriedade de cada uma das unidades de apartamentos e vagas de garagem, em regime de condomínio comum.

E se em dado momento pretenderem tornar-se cada qual proprietária exclusiva de determinadas unidades? Neste caso, se fará uso da necessária atribuição de propriedade, com a finalidade de designar a quem pertencerá cada unidade autônoma.

Situação diversa é aquela em que um incorporador negocia um terreno, recebe a propriedade do mesmo, registra a incorporação e, após, passa a alienar as frações que corresponderão às futuras unidades autônomas, já bem delimitadas, já devidamente especializadas. Trata-se de procedimento em perfeita conformidade com os ditames legais, haja vista que cada uma das futuras unidades autônomas é perfeitamente identificada na incorporação.

Neste caso, considerando que a titularidade das unidades já se afigura identificável, preterindo-se da necessidade de algum outro ato para a identificação do titular, não se fala em necessidade de atribuição. E aqui vale citar MIRRA (2007) no Parecer 31/2007-E – Protocolado CG 18.856/2006, da Corregedoria de Justiça do Estado de São Paulo, que trata de hipótese idêntica a que ora é levantada:

> Nessas decisões firmou-se a orientação de que, no condomínio regulado pela Lei n. 4.591/1964, com a incorporação dá-se a vinculação da fração ideal do terreno à respectiva futura unidade autônoma, em construção ou a ser construída. Assim, os adquirentes das frações ideais do terreno não se tornam co-titulares do direito real de aquisição das futuras unidades, titularizando, cada um, diversamente, direito real referente à futura unidade já especificada e vinculada à fração ideal do terreno adquirida. Daí a desnecessidade de atribuição de tais unidades aos respectivos titulares, como modo especial de extinção da co-propriedade, somente imprescindível no regime do condomínio comum do Código Civil.

Finalmente, para encerrar o debate quanto a este ponto, cumpre citar CHALHUB (2005), o qual faz bem esta distinção, lecionando que:

> Nas incorporações imobiliárias, as unidades são atribuídas aos adquirentes por força do registro dos respectivos contratos, não sendo necessário nenhum outro ato específico de atribuição de unidades. O registro do contrato de compra e venda, ou de promessa de compra e

venda (uma vez averbada a construção e registrada a instituição) produz o efeito de atribuir ao adquirente a propriedade ou os direitos reais de aquisição à unidade que constitua o objeto do respectivo contrato. Esse é o efeito natural do registro, no Registro de Imóveis competente, do contrato de aquisição de unidade imobiliária.

A atribuição poderá tornar-se necessária, entretanto, nas hipóteses que não configurem incorporação imobiliária, ou seja, nos casos em que um grupo de pessoas adquire terreno e nele levanta construção de edifício de unidades imobiliárias para uso próprio, e não visando atividade empresarial. Nesses casos é necessário um ato de divisão do terreno em frações ideais e um ato específico de atribuição das unidades a cada uma dessas pessoas, com as respectivas frações ideais sobre o terreno e partes comuns. Essa atribuição implica a extinção do condomínio geral e a instituição de um condomínio especial e pode ser feita a qualquer tempo, antes da averbação da construção, não sendo necessário que se aguarde a conclusão da obra para se convencionar a divisão e a atribuição das unidades....

2.3 Condomínio especial e precedido de incorporação imobiliária. Caso de desnecessidade de atribuição de propriedade

Após passar pela análise relativa ao tratamento dado em legislações alienígenas, TERRA e WALDER (1992), afirmam que a lei brasileira, *in casu* a 4.591/64:

> ...permite a instituição do condomínio especial, ainda que não iniciada a obra.

Essa afirmativa decorre do próprio sistema da lei, pois o art. 29, ao definir o incorporador, alude, expressamente, a unidades autônomas em edificações a serem construídas ou em construção.
Em sequência, o art. 32 impõe ao incorporador, que deseje alienar unidades autônomas em edificações (a construir ou em construção), obrigação de, previamente, arquivar os documentos ali elencados.

E, de fato, os artigos 28, 29 e 32 da 4.591/64 são bastantes à demonstração de que a incorporação já enseja a atribuição, a qual é originariamente centralizada na pessoa do incorporador, mas que pode ser modificada ao longo da incorporação com as vendas das frações que corresponderão às futuras unidades. Assim, possível é a instituição do condomínio. Desta forma, oportuno citar aqui o conteúdo dos artigos 28 e 29 da aludida Lei:

> Art. 28. As incorporações imobiliárias, em todo o território nacional, reger-se-ão pela presente Lei.
> Parágrafo único. Para efeito desta Lei, considera-se incorporação imobiliária a atividade exercida com o intuito de promover e realizar a construção, para alienação total ou parcial, de edificações ou conjunto de edificações compostas de unidades autônomas, (VETADO).
> Art. 29. Considera-se incorporador a pessoa física ou jurídica, comerciante ou não, que embora não efetuando a construção, compromisse ou efetive a venda de frações ideais de terreno objetivando a vinculação de tais frações a unidades autônomas, (VETADO) em edificações a serem construídas ou em construção sob regime condominial, ou que meramente aceite propostas para efetivação de tais transações, coordenando e levando a têrmo a incorporação e responsabilizando-se, conforme o caso, pela entrega, a certo prazo, preço e determinadas condições, das obras concluídas.

Parágrafo único. Presume-se a vinculação entre a alienação das frações do terreno e o negócio de construção, se, ao ser contratada a venda, ou promessa de venda ou de cessão das frações de terreno, já houver sido aprovado e estiver em vigor, ou pender de aprovação de autoridade administrativa, o respectivo projeto de construção, respondendo o alienante como incorporador.

A situação de se exigir a atribuição de propriedade em caso de condomínio precedido de incorporação imobiliária já ensejou decisões pela Corregedoria de Justiça do Estado de São Paulo, que se manifestou no sentido de o registrador imobiliário ter de proceder à devolução de valores cobrados a título de emolumentos pela atribuição de propriedade, conforme a seguir:

> **REGISTRO DE IMÓVEIS. CONDOMÍNIO ESPECIAL. EMOLUMENTOS.** Reclamação. Prévio registro da incorporação e de atos de alienação de frações ideais do terreno vinculadas às futuras unidades autônomas. Averbação, posterior, da construção e registro da instituição do condomínio. Exigência do registrador, satisfeita pela incorporadora e pelos adquirentes das unidades autônomas, com pagamento dos respectivos emolumentos, de atribuição das unidades autônomas aos adquirentes como se o edifício estivesse submetido ao regime condominial do Código Civil. Desnecessidade de tal atribuição em se tratando de condomínio especial precedido de regular incorporação. Devolução das quantias cobradas pelas atribuições corrigidas monetariamente e acrescidas de juros de 0,5% ao mês. Ausência, porém, de dolo do registrador na cobrança de tais valores. Recurso da reclamante parcialmente provido. (PROCESSO CG-1.270/2001 – SÃO BERNARDO DO CAMPO – CONSTRUBIG CONSTRUÇÕES E EMPREENDIMENTOS LTDA –

Advogada: WILMA KÜMMEL, OAB/SP Nº 147.086 – PARECER Nº 543/2001-E)

Por sua vez, JUNQUEIRA (2014), Desembargador Aposentado do TJSP, destaca assentamentos da Corregedoria Geral da Justiça do Estado de São Paulo. Veja-se:

> Em síntese a Corregedoria Geral da Justiça deixou assentado o que segue.
> 1. No condomínio especial precedido de incorporação, os titulares das frações ideais do terreno, vinculadas a unidades autônomas futuras, não se tornam co-proprietários dessas unidades, sendo, pois, desnecessária a atribuição, como ato e meio especial de extinção de co-propriedade, logo que instituído o condomínio especial.
> A essa conclusão chegou o ilustre Juiz parecerista Antonio Carlos Morais Pucci, fundado nos artigos 29, 32 e 28 da Lei nº 4.591/64, citando, ainda, lições de Caio Mário da Silva Pereira, Serpa Lopes, Butera, J. Nascimento Franco e NiskeGondo.

E a tese contrária que por vezes é utilizada, de que a atribuição só poderia ser realizada após a conclusão da obra. Tal entendimento parte do pressuposto de que a incorporação não enseja a atribuição, pois não se poderia atribuir coisa ainda não concluída. Todavia, com a devida vênia, tal entendimento afigura-se ultrapassado, havendo razões bastante consistentes para infirmá-lo. E aqui vale citar TERRA (1994):

> "Reafirmo inexistir qualquer entrave jurídico a que a atribuição de unidades autônomas se concretize conjuntamente com a incorporação imobiliária.

O argumento principal da tese pela negativa é o da impossibilidade de se atribuir unidade autônoma ainda não concluída, isto é, de coisa futura.

Em trabalho anterior, sustentei, com Waldyr Walder, a possibilidade de abertura de matrícula para unidade autônoma ainda não construída, sendo oportuna, aqui, a transcrição de algumas de nossas conclusões, que balizaram aquele trabalho:

10.1 – A Lei 4.591/64 trouxe, ao Direito Positivo brasileiro, a existência de um direito real incidente sobre coisa futura.(...)

10.4 – O conceito de coisa deve ser construído sob o ponto de vista jurídico.

10.5 – No sistema da Lei n.º 4.591/64, coisa (unidade autônoma) é reconhecida juridicamente, antes mesmo de sua conclusão física.

10.6 – A especialização da unidade autônoma decorre da estrutura da Lei n.º 4.591/64, fato constatado pela análise do rol documental previsto em seu art. 32.

10.6.1 – Assim, cada futura unidade autônoma é perfeitamente identificada no plano da incorporação, dele não podendo se desviar o incorporador, salvo com anuência unânime dos adquirentes."

E, de fato, se é possível realizar a venda de uma fração e realizar o registro da transcrição na "matrícula-mãe", inclusive fazendo referência que aquela venda corresponderá a tal ou qual unidade imobiliária, o que justificaria a necessidade de se atribuir propriedade? Relembre-se, aliás, que na sistemática atual é permitida inclusive a abertura de matrículas antes da instituição do condomínio. Neste sentido foi inclusive dada nova redação ao parágrafo primeiro do artigo 237-A, da Lei n.º 6.015/73.

2.4 Condomínio especial precedido de incorporação imobiliária. Situação em que os adquirentes das frações não se tornam co-titulares do direito real de aquisição do terreno, e de todas as futuras unidades autônomas

Neste sentido, destaque-se, uma vez registrada a incorporação imobiliária, malgrado a futura unidade autônoma ainda não exista no plano físico, já é possível identificá-la, a partir da fração do terreno vinculada à futura área construída. Desta forma, caso após o registro da incorporação um promitente comprador ou mesmo um comprador realize o registro da promessa ou da compra e venda de uma unidade, este não se tornará unicamente condômino do terreno, haja vista que sua unidade, sua fração, já está delimitada.

Ademais, sobre o tema em tela, vale citar novamente MIRRA (2007) no Parecer 31/2007-E – Protocolado CG 18.856/2006, da Corregedoria de Justiça do Estado de São Paulo, que trata de hipótese idêntica a que ora é levantada. Outrossim, no referido parecer é mencionado, inclusive, que o entendimento nele manifestado é oriundo de anterior posicionamento já manifestado pela Corregedoria Geral de Justiça. Veja-se:

> O Oficial de Registro de Imóveis da Comarca do Guarujá formulou consulta ao Meritíssimo Juiz Corregedor Permanente da Serventia a respeito do cálculo para a cobrança de custas e emolumentos devidos para o registro do instrumento particular de Instituição, Especificação e Convenção de Condomínio do Edifício "Blue Marine Condominium", apresentado pela empresa Cegecon Ltda. Sustenta o cabimento da cobrança de custas e emolumentos pelo ato de atribuição das unidades

do condomínio em questão, no momento do registro de sua instituição e especificação, inclusive no tocante à atribuição das unidades não comercializadas pela incorporadora, já que a atribuição consistiria ato essencial à dissolução ou extinção do condomínio existente, como forma de possibilitar a transmissão das unidades imobiliárias e pôr fim à indivisibilidade sobre as áreas de uso privativo. Assim, segundo entende, "se o objetivo é a extinção do condomínio existente, a atribuição deve incidir sobre a totalidade das unidades do condomínio, e não somente sobre as unidades cujas frações ideais de terrenos foram negociadas e registradas, aplicando-se tratamento igualitário a todas elas" (fls. 03 a 08).(...)

Passo a opinar.

A consulta deve ser conhecida, impondo-se o pronunciamento desta Corregedoria Geral da Justiça sobre a matéria, para reafirmar entendimento aqui já manifestado, pois, em verdade, a cobrança de custas e emolumentos devidos para o registro de Instituição, Especificação e Convenção de Condomínio, com atribuição de unidades, encontra-se uniformizada no Estado de São Paulo, desde a aprovação pelo eminente Desembargador Luís de Macedo, dos pareceres elaborados no tema pelo Meritíssimo Juiz Auxiliar da Corregedoria, Dr. Antonio Carlos Morais Pucci, nos autos do Processo CG n. 1.270/01, aos quais foi atribuído *caráter normativo*. Nessas decisões firmou-se a orientação de que, no condomínio regulado pela Lei n. 4.591/1964, com a incorporação dá-se a vinculação da fração ideal do terreno à respectiva futura unidade autônoma, em construção ou a ser construída. Assim, os adquirentes das frações ideais do terreno não se tornam co-titulares do direito real de aquisição das futuras unidades, titularizando, cada um, diversamente, direito real referente à futura unidade já especificada e vinculada à fração ideal do terreno adquirida. Daí a desnecessidade de atribuição de tais unidades aos respectivos titulares, como modo especial de extinção da co-propriedade, somente imprescindível no regime do condomínio comum do Código Civil.

(...)

E mais ainda: firmou-se, nos referidos pareceres aprovados, igualmente, o entendimento de que, nas hipóteses em que o incorporador for o proprietário do terreno e tiver negociado apenas parte das unidades autônomas, reservando para si as demais frações ideais do terreno e unidades a serem construídas, não se há de falar na cobrança de custas e emolumentos a título de atribuição dessas unidades não negociadas, na ocasião do registro da instituição condominial, ausente, nesse caso, atribuição das unidades autônomas ao incorporador.

Desta forma, fica demonstrada mais uma razão pela qual não há se falar, nesta hipótese, em atribuição de propriedade na espécie.

2.5 Princípio da especialidade na incorporação imobiliária como forma de demonstração de que os adquirentes das frações não se tornam co-titulares do direito real de aquisição do terreno e das futuras unidades autônomas

Segundo lecionam TERRA e WALDER (1992):

> O direito registral é informado por princípios, dentre os quais destacamos o da especialidade.

No ensinamento de Afrânio Carvalho, o princípio da especialidade significa que toda inscrição '...deve recair sobre um objeto precisamente individuado', sendo certo que, segundo GARCÍA GARCÍA, este princípio 'está relacionado con La necesidad de dar claridad al registro.'

E ainda no mesmo artigo, concluem que:

> A Lei n. 4.591/64 impõe ao incorporador a obrigatoriedade (art. 32) de arquivar no Cartório Imobiliário uma série de documentos, na hipótese de desejar alienar futuras unidades autônomas antes de concluída a obra.
> (...)
> Em face de tais considerações, especializada a futura unidade autônoma estará ela apta a ser objeto de matrícula com numeração própria, pois todos os requisitos estarão cumpridos."

Assim, diante de todo o exposto, conclui-se não existir fundamento jurídico para a atribuição de propriedade em caso de condomínio precedido de incorporação, também por força do princípio da especialização.

2.6 Situação de existência de condomínio comum. Caso de necessidade de atribuição de propriedade. Possibilidade de realização de atribuição por instrumento público ou particular. Ato meramente declaratório

Conforme se abordou ao longo da exposição realizada acima, justifica-se atualmente a atribuição de propriedade nos casos da existência de condomínio comum, não no condomínio especial regido pela Lei n.º 4.591/64.

Pois bem. No que concerne à hipótese de condomínio comum, oportuno é pontuar que a referida atribuição poderá ser realizada por instrumento particular, não sendo necessária a celebração de escritura pública.

Conforme disciplina o artigo 108 do Código Civil:

> Art. 108. Não dispondo a lei em contrário, a escritura pública é essencial à validade dos negócios jurídicos que visem à constituição, transferência, modificação ou renúncia de direitos reais sobre imóveis de valor superior a trinta vezes o maior salário mínimo vigente no País.

Ocorre que o ato que se pretende praticar, de se atribuir propriedade, não se amolda a qualquer das espécies citadas no dispositivo acima transcrito, haja vista que, entre condôminos, o ato de atribuição é meramente declaratório e não constitutivo da propriedade. Isso porque da propriedade os condôminos já são titulares, faltando-lhes apenas que se declare qual parte fica destinada e a quem.

Considerações inteligentes sobre tal questão fez RÁO (1958), a saber:

> Assim se afirmou que a divisão mais não faz senão determinar o direito de cada condômino (ou comunheiro), limitando-se apenas aos bens que lhe são aquinhoados, de sorte tal, que cada condômino se considera como originàriamente houvesse sido o único proprietário desses mesmos bens e só dêles – o que vale qualificar a divisão como ato jurídico de simples declaração e não de atribuição de propriedade. Na verdade, quando um ou mais bens comuns são divididos ou partilhados, os condôminos ou comunheiros, ao receberem seus quinhões, não sucedem uns aos outros, porque o título ou títulos

de propriedade são os mesmos para todos e para cada um dêles; e, assim sendo, se sucessão houvesse, estranha sucessão (por aquisição derivada) seria essa, a qual, em última análise, equivaleria a admitir-se que cada participante da comunhão ou do condomínio, por fôrça do ato divisório 'sucederia a si mesmo', graças a um título anterior que já lhe pertencia.

Neste norte, finaliza-se com TERRA (1994) ao dizer que:

> Por outro lado, o único texto normativo brasileiro que faz alusão ao instituto da atribuição de propriedade é o art. 167, I, 23, da Lei de Registros Públicos, que, por ser lei de caráter instrumental, não poderia, como realmente não o fez, dispor sobre forma do ato jurídico.
> Desse modo, na falta de texto legal expresso, impondo a escritura pública como da substância do ato, pode-se concluir que o título da atribuição se instrumentaliza por escrito particular ou por escritura lavrada nas Notas do Tabelião, a critério das partes.
> No proc. 609/85, retro mencionado, Ricardo Henry Marques Dip salienta que a atribuição especializou-se em face do gênero (divisão) como fórmula de superar a exigência de instrumento público.

Assim, a atribuição pode ser realizada por instrumento público ou particular, haja vista a falta de regramento legal a exigir-lhe formalidade. Aliás, o mesmo ocorre para o instrumento de incorporação ou de instituição de condomínio.

Referências

BRASIL. Lei nº 4.591, de 16 de dezembro de 1964. Dispõe sôbre o condomínio em edificações e as incorporações imobiliárias. Disponível em: <http://www.planalto.gov.br/ccivil_03/leis/l4591.htm>. Acesso em: 30 abr. 2014

BRASIL. Lei nº 6.015, de 31 de dezembro de 1973. Dispõe sobre os registros públicos, e dá outras providências. (Lei dos Registros Públicos) Disponível em: <http://www.planalto.gov.br/ccivil_03/leis/l6015.htm>. Acesso em: 30 abr. 2014

BRASIL. Lei nº 10.406, de 10 de janeiro de 2002. Institui o Código Civil. Disponível em: <http://www.planalto.gov.br/ccivil_03/leis/2002/l10406.htm>. Acesso em: 30abr. 2014

CHALHUB, Melhim Namem. Da incorporação imobiliária. 2. ed. Rio de Janeiro: Renovar, 2005.

CORREGEDORIA DE JUSTIÇA DO ESTADO DE SÃO PAULO. Parecer n.º 31/2007-E – Protocolado CG 18.856/2006, da lavra do então Juiz Auxiliar da Corregedoria de Justiça do Estado de São Paulo, Álvaro Luiz Valery Mirra. Disponível em: <https://www.extrajudicial.tjsp.jus.br/pexPtl/visualizarDetalhesPublicacao.do?cdTi popublicacao=5&nuSeqpublicacao=214>. Acesso em: 29 abr. 2014.

JUNQUEIRA, José de Mello. Condomínio - atribuições de unidades autônomas (só para São Paulo e interessados). Disponível em <http://www.irib.org.br/html/boletim/boleti m-iframe.php?be=3416>, acesso em 22.04.14.

RÁO, Vicente. Divisão entre condôminos. RT 273/86. jul. 1958.

TERRA. Marcelo. Revista de Direito Imobiliário. RDI 34/60. jul. dez./1994. p. 430.

TERRA, Marcelo; WALDER, Waldyr. Revista de Direito Imobiliário. RDI 29/73. Jan-jun./1992.

3} CONTRATO DE LOCAÇÃO E REGISTRO DE IMÓVEIS

DENNIS JOSÉ MARTINS
OAB/SC 19.578
Especialista em Direito Ambiental.
Membro da Comissão de Direito Notarial e Registros Públicos da OAB/SC.
Advogado.

Ao João Pedro.

3.1 Introdução

O presente artigo visa tratar em linhas gerais e com um viés preponderantemente prático, acerca do contrato de locação de imóveis urbanos junto ao registro de imóveis, seja aquele celebrado por instrumento público, seja particular.

Nesse passo, os efeitos do ingresso do referido negócio jurídico nas serventias extrajudiciais da espécie trazem importantes reflexos às relações jurídicas e econômicas. Assim, merecem atenção.

3.2 Documentos passíveis de registro. Escritos públicos e particulares

A legislação brasileira admite acesso ao álbum imobiliário tanto por parte de instrumentos públicos, quanto dos escritos particulares, ou seja, daqueles lavrados em notas de tabelião ou, ainda, dos documentos emanados apenas pelas partes sem qualquer intervenção. Este último é o que ora nos interessa.

Destarte, a Lei dos Registros Públicos, elencando o rol de documentos passíveis de acesso ao registro, prevê:

> Art. 221. Somente são admitidos registro:
> I – escrituras públicas, inclusive as lavradas em consulados brasileiros;
> II – escritos particulares autorizados em lei, assinados pelas partes e testemunhas, com as firmas reconhecidas, dispensado o reconhecimento quando se tratar de atos praticados por entidades vinculadas ao Sistema Financeiro da Habitação;
> III – atos autênticos de países estrangeiros, com força de instrumento público, legalizados e traduzidos na forma da lei, e registrados no cartório do Registro de Títulos e Documentos, assim como sentenças proferidas por tribunais estrangeiros após homologação pelo Supremo Tribunal Federal;
> IV – cartas de sentença, formais de partilha, certidões e mandados extraídos de autos de processos.
> V – contratos ou termos administrativos, assinados com a União, Estados e Municípios no âmbito de programas de regularização fundiária, dispensado o reconhecimento de firma.[1]

---

[1] BRASIL. Lei 6.015, de 31 de dezembro de 1973. Dispõe sobre os Registros Públicos e dá outras providências. Disponível em: <http://www.planalto.gov.br/ccivil_03/leis/l6015.htm>. Acesso em: 03 ago 2014.

Assim, constatada a previsão legal constante do artigo 221, inciso II acima citado, o insigne Sérgio Jacomino diz que *"é da nossa tradição jurídica a utilização do instrumento particular. Desde as Ordenações do Reino, alcançando o vigente código civil, a exceção manteve-se firme no corpo legal."*[2]

3.3 Contrato de locação firmado por instrumento particular. Requisitos e qualificação do título para ascender ao registro imobiliário

Verificado que os instrumentos particulares ganharam espaço no registro imobiliário, cumpre-nos estudar a questão atinente à locação pactuada por esta forma, quanto aos seus requisitos e a qualificação do título.

E o que se observa é que, ao passo que o legislador contemplou certos requisitos para a registrabilidade de instrumentos particulares, mitigou, de certa forma, exigências para o acesso quando se tratar de contrato de locação. Isso porque enquanto o artigo 221, II da Lei dos Registros Públicos traz como exigência que os instrumentos particulares apresentem-se *"assinados pelas partes e testemunhas, com as firmas reconhecidas"*, quando o assunto é contrato de locação diz-se que:

> Art. 169. (...)
> III - o registro previsto no n° 3 do inciso I do art. 167, e a averbação prevista no n° 16 do inciso II do art. 167 serão efetuados no cartório onde o imóvel esteja matriculado

---

[2] JACOMINO, Sérgio. O Instrumento Particular e o Registro de Imóveis. *In* GUERRA, Alexandre; BENACCHIO, Marcelo (coordenação). Direito Imobiliário Brasileiro. São Paulo: QuartierLatin, 2011. p. 1154.

mediante apresentação de qualquer das vias do contrato, assinado pelas partes e subscrito por duas testemunhas, bastando a coincidência entre o nome de um dos proprietários e o locador.[3]

Assim, dispensada ficou a exigência quanto ao reconhecimento de firma das partes. Todavia, é certo que a averbação ou o registro do contrato de locação fica condicionada à observância da prévia análise da qualificação do título. Segundo Cláudio Fioranti:

> De outra parte, não basta apenas que o título esteja formalmente perfeito para ganhar acesso ao sistema registrário. É preciso, ainda, observância aos princípios da continuidade e da especialidade, sob pena de comprometimento da segurança jurídica. Não há, evidentemente, a mesma severidade reclamada em títulos translativos ou constitutivos de direitos reais, mas pelo menos um dos locadores deve figurar no assento como titular de direito inscrito e se exige que haja perfeita identificação com o imóvel matriculado ou transcrito.[4]

Desta forma, em que pesa a mitigação de exigências, deve o documento apresentado a registro observar os princípios registrais.

---

[3] BRASIL. Lei 6.015, de 31 de dezembro de 1973. Dispõe sobre os Registros Públicos e dá outras providências. Disponível em: <http://www.planalto.gov.br/ccivil_03/leis/l6015.htm>. Acesso em 03 ago 2014.

[4] FIORANTI, Cláudio. A nova Lei do Inquilinato e o Registro de Imóveis. *In* Registro de imóveis – Estudos de direito registral imobiliário. Porto Alegre: Fabris, 1997. p. 122.

3.4 Hipóteses de registro e de averbação

Doravante, cumpre-nos analisar brevemente os conceitos de registro e de averbação, a serem efetivados relativamente ao contrato de locação.

Analisando o termo em sua acepção estrita, Maria Helena Diniz diz que *"o registro, portanto, vem a ser lançamento, efetuado sob a matrícula do bem de raiz, dos atos geradores do domínio e dos que impõem ônus ou estabelecem direitos reais de fruição, restringindo a propriedade imobiliária."*[5] Já quanto à averbação, a referida doutrinadora leciona que *"...consiste no lançamento de todas as ocorrências ou fato que, não estando sujeitos ao assento, venham a alterar o domínio, afetando o registro relativamente à perfeita caracterização e identificação do imóvel ou do titular da propriedade."*[6]

Destarte, a Lei contempla a exigência do registro no Registro Imobiliário do contrato de locação, para que se tenham os efeitos desejados quanto à cláusula de vigência em caso de alienação do imóvel locado. Já, por outro lado, impõe-se a averbação do contrato junto ao fólio real para fins de exercício do direito de preferência.

Kioitsi Chicuta ensina que:

> [...] o registro do contrato de locação propriamente dito, como direito pessoal que é, cabe ao Registro de Títulos e Documentos (art. 129, item 1.º, da Lei 6.015, de 31/12/73). Só tem ingresso no Registro de Imóveis nas situações que indica, não para gerar direito real, mas

---

[5] DINIZ, Maria Helena. Sistemas de Registros de Imóveis. 10. ed. São Paulo: Saraiva, 2012. p. 85.
[6] DINIZ, Maria Helena. Sistemas de Registros de Imóveis. 10. ed. São Paulo: Saraiva, 2012. pp. 85-86.

muito mais para surtir efeitos em relação a terceiros e em atenção ao princípio da publicidade, daí porque, objetivando a parte outorgar efeitos erga omnes da cláusula de vigência em caso de alienação e para exercer, eventualmente, direito de preferência, basta apenas um único registro.[7]

O registrador Fábio Marsiglio, oficial de RI de Piedade, SP, então diretor adjunto de Assuntos Agrários do IRIB, em Coluna do referido instituto, publicada em 08 de outubro de 2006, no caderno de Imóveis do jornal Diário de S. Paulo, diz que:

> Será obrigatório o registro do contrato de locação no Cartório de Imóveis em três hipóteses: quando houver previsão no contrato do direito de preferência do locatário na aquisição do imóvel (caso o locador intente vendê-lo); quando houver previsão no contrato de cláusula de vigência da locação (o adquirente do imóvel deverá respeitar a locação); quando o cumprimento do contrato estiver garantido por 'caução de imóvel'. Nas duas primeiras hipóteses, o registro deverá ser feito na matrícula do imóvel locado. Na última hipótese, o registro será feito na matrícula do imóvel dado em caução.[8]

Outrossim, no presente estudo serão analisadas as duas primeiras hipóteses referidas pelo registrador citado, o que se faz conforme adiante.

---

[7] CHICUTA, Kioitsi. A locação, o NCC e o Registro de Imóveis. Disponível em: <http://www.irib.org.br/html/biblioteca/biblioteca-detalhe.php?obr=110>. Acesso em: 01 ago 2014.

[8] IRIB. BE2702 - 17 de outubro de 2006. Disponível em: <http://www.irib.org.br/html/boletim/boletim-detalhe.php?be=1118>, acesso em 01 ago 2014.

3.5 Da vigência da locação na hipótese de alienação do imóvel locado

Uma das hipóteses contempladas em nosso ordenamento jurídico e que justifica a ascensão do contrato de locação ao álbum imobiliário trata-se quando as partes pretendem pactuar que será mantida a locação mesmo na hipótese de alienação do imóvel.

Percebe-se quanto a este particular, que a Lei dos Registros Públicos utilizou a terminologia correta, ao prever como ato de registro aquele contemplado em seu artigo 167, inciso primeiro item 3, que diz:

> Art. 167 - No Registro de Imóveis, além da matrícula, serão feitos.
> I - o registro:(...)
> 3) dos contratos de locação de prédios, nos quais tenha sido consignada cláusula de vigência no caso de alienação da coisa locada;(...)[9]

Por outro lado, o legislador de 1991 infelizmente cometeu equívoco na redação da Lei de Locações, ora contemplando o ato como sendo de registro, ora de averbação. Todavia, embora o art. 8º da Lei 8.245/1991 faça confusão na terminologia, o ato a ser praticado é sim o de registro, como citado no anteriormente descrito art. 167, I, 3, da Lei 6.015/1973.

Malgrado a alienação do imóvel não se trate de hipótese de extinção da locação, considerado que o contrato faz lei, em regra, apenas entre as partes contratantes, o terceiro adquirente

---

[9] BRASIL. Lei 6.015, de 31 de dezembro de 1973. Dispõe sobre os Registros Públicos e dá outras providências. Disponível em: <http://www.planalto.gov.br/ccivil_03/leis/l6015.htm>. Acesso em: 03 ago 2014.

do imóvel não fica obrigado a manter a avença. Tal só ocorrerá se nele constar cláusula de vigência e se lhe levar à registrado. Assim, necessário o registro da avença locatícia para que se atinja o adquirente. E aqui vale novamente citar Kioitsi Chicuta, o qual destaca que:

> O atual Código, porém, especifica que o registro deve ser feito no Registro de Imóveis da respectiva circunscrição, se imóvel, e que, não havendo cláusula de vigência, o prazo para desocupação voluntária é de noventa (90) dias (art. 576, §§ 1.º e 2.º, NCC).[10]

Pois bem, interessante observar que a Lei dos Registros Públicos traz requisitos específicos adicionais a serem observados para o registro do contrato com cláusula de vigência, em seu art. 42, senão veja-se:

> Art. 242 - O contrato de locação, com cláusula expressa de vigência no caso de alienação do imóvel, registrado no Livro nº 2, consignará também, o seu valor, a renda, o prazo, o tempo e o lugar do pagamento, bem como pena convencional.[11]

E quanto ao tema, finalmente vale transcrever julgado proveniente do Superior Tribunal de Justiça:

---

[10] CHICUTA, Kioitsi. A locação, o NCC e o Registro de Imóveis. Disponível em: <http://www.irib.org.br/html/biblioteca/biblioteca-detalhe.php?obr=110>. Acesso em 01 ago 2014.
[11] BRASIL. Lei 6.015, de 31 de dezembro de 1973. Dispõe sobre os Registros Públicos e dá outras providências. Disponível em: <http://www.planalto.gov.br/ccivil_03/leis/l6015.htm>. Acesso em: 03 ago 2014.

DIREITO CIVIL. DENÚNCIA, PELO COMPRADOR, DE CONTRATO DE LOCAÇÃO AINDA VIGENTE, SOB A ALEGAÇÃO DE INEXISTÊNCIA DE AVERBAÇÃO DA AVENÇA NA MATRÍCULA DO IMÓVEL.
O comprador de imóvel locado não tem direito a proceder à denúncia do contrato de locação ainda vigente sob a alegação de que o contrato não teria sido objeto de averbação na matrícula do imóvel se, no momento da celebração da compra e venda, tivera inequívoco conhecimento da locação e concordara em respeitar seus termos. É certo que, de acordo com o art. 8º da Lei n. 8.245/1991, se o imóvel for alienado durante a locação, o adquirente poderá denunciar o contrato, com o prazo de 90 dias para a desocupação, salvo se, além de se tratar de locação por tempo determinado, o contrato tiver cláusula de vigência em caso de alienação e estiver averbado junto à matrícula do imóvel. Todavia, em situações como a discutida, apesar da inexistência de averbação, há de se considerar que, embora por outros meios, foi alcançada a finalidade precípua do registro público, qual seja, a de trazer ao conhecimento do adquirente do imóvel a existência da cláusula de vigência do contrato de locação. Nessa situação, constatada a ciência inequívoca, tem o adquirente a obrigação de respeitar a locação até o seu termo final, em consonância com o princípio da boa-fé. REsp 1.269.476-SP, Rel. Ministra Nancy Andrighi, julgado em 5/2/2013.

Ademais, questão oportuna a se observar é a de que a cláusula de vigência deve ser expressamente pactuada, não bastando para operar efeitos apenas o registro do contrato. Quanto a esta questão, veja-se do julgado adiante:

LOCAÇÃO – CLÁUSULA DE VIGÊNCIA. Prevista legalmente a necessidade expressa de inserção de cláusula específica de vigência do contrato de locação em caso de alienação do imóvel, a simples menção genérica 'obriga a herdeiros ou sucessores' não cumpre a exigência legal. (1VRPSP – PROCESSO: 0046161-45.2012.8.26.0100 1VRPSP – PROCESSO – LOCALIDADE: São Paulo – DATA JULGAMENTO: 19/02/2013 – DATA DJ: 21/03/2013 – Relator: Marcelo Martins Berthe)

Finalmente, observando-se que a Lei contempla exigências adicionais quando o assunto são os efeitos oriundos da cláusula de vigência, e visto que deve a mesma constar de forma expressa no pacto locatício, passa-se a análise do direito de preferência.

3.6 Direito de preferência

A segunda possibilidade de o contrato de locação ganhar espaço no registro de imóveis e que merece ser estudada é aquela relativa ao exercício do direito de preferência, que prescinde da prévia e tempestiva averbação do pacto. E ao contrário do que muitos imaginam, trata-se de requisito indispensável.

Contempla a Lei dos Registros Públicos:

> "Art. 167 - No Registro de Imóveis, além da matrícula, serão feitos.(...)
> II - a averbação:(...)
> 16) do contrato de locação, para os fins de exercício de direito de preferência.(...)"[12]

---

[12] BRASIL. Lei 6.015, de 31 de dezembro de 1973. Dispõe sobre os Registros Públicos e dá outras providências. Disponível em: <http://www.planalto.gov.br/ccivil_03/leis/l6015.htm>. Acesso em: 03 ago 2014.

Quanto à exigência legal, traz o artigo 33 da Lei de Locações textualmente que *"o locatário preterido no seu direito de preferência poderá reclamar do alienante as perdas e danos ou, depositando o preço e demais despesas do ato de transferência, haver para si o imóvel locado, se o requerer no prazo de seis meses"* mas e *"a contar do registro do ato no cartório de imóveis, desde que o contrato de locação esteja averbado pelo menos trinta dias antes da alienação junto à matrícula do imóvel".* E em relação à matéria, veja-se o julgado adiante:

> Conforme o art. 33 da Lei 8.245/1991, para o locatário preterido em seu direito de preferência possa reclamar do alienante perdas e danos ou houver para si o imóvel locador, depositando o preço e demais despesas do ato de transferência, é indispensável que o contrato de locação esteja averbado junto à matrícula do imóvel pelo menos trinta dias antes da alienação, requisito não atendido pela recorrente. Apelo improvido. (ApCív 70010522589 – 16ª Câm. Cível – TJRS – rel. Helena Ruppenthal Cunha – j. 16.03.2005).

Todavia, interessante destacar que nas relações locatícias nem sempre estará presente o direito de preferência. E sobre o tema o Desembargador Kioitsi Chicuta, alerta que:

> Especificamente aos atos que têm repercussão no Registro de Imóveis, não existe alteração, merecendo atenção, contudo, o parágrafo único, do artigo 1.º, da Lei do Inquilinato, dispondo que 'continuam regulados pelo Código Civil e pelas leis especiais: a) as locações: 1. de imóveis de propriedade da União, dos Estados e dos Municípios, de suas autarquias e fundações; 2. de vagas autônomas de garagem e de espaços para estacionamento

de veículos; 3. de espaços destinados à publicidade; 4. em 'apart-hotéis', hotéis-residência ou equipados, assim considerados aqueles que prestam serviços regulares a seus usuários e como tais sejam autorizados a funcionar; b) o arrendamento mercantil, em qualquer de suas modalidades'.

Essas locações continuam regidas ou pelo Código Civil ou pelas leis especiais e não pela Lei 8.245/91.

O que interessa, no caso, é a locação de vagas autônomas de garagem e os espaços destinados ao estacionamento de veículos e que é regulada pelo Código Civil. Em relação a ela cabe apenas a inserção de cláusula de vigência em caso de alienação, sendo registrado no Cartório de Registro de Imóveis onde situado o bem. Não há o direito de preferência.'[13]

E tal qual se realizou quando do estudo da cláusula de vigência, oportuno questionar se há necessidade de cláusula expressa no pacto averbado de cláusula contemplando o direito de preferência, para que possa o inquilino ser detentor desta prerrogativa.

A hipótese aqui não guarda o mesmo requisito da cláusula de vigência. Isso porque o exercício do direito de preferência independe de disposição que o contemple. Neste sentido, Kioitsi Chicuta, alerta que:

> A simples notícia no registro público da existência de contrato de locação é suficiente para garantir ao locatário o direito de preferência e para a qual não se exige cláusula específica (ao contrário do que entendem res-

---

[13] CHICUTA, Kioitsi. A locação, o NCC e o Registro de Imóveis. Disponível em: <http://www.irib.org.br/html/biblioteca/biblioteca-detalhe.php?obr=110>. Acesso em: 01 ago 2014.

peitáveis opiniões), nem que o prazo do contrato esteja em vigor. O que se reclama apenas é que o contrato seja materializado em documento escrito, subscrito pelas partes e por duas testemunhas, com firmas reconhecidas (art. 169, inciso III, da Lei 6.015/73).[14]

Tem-se aí a apreciação da segunda hipótese em que o pacto locatício transita no registro de imóveis, cabendo-se doravante analisar duas situações práticas peculiares.

3.7 Ascensão ao registro do contrato de locação futura

Dúvida interessante a ser analisada toca ao caso da possibilidade de ascender ao registro o contrato de locação futura ou promessa de locação.

O texto do Desembargador Kioitsi Chicuta, merece aqui novo espaço, visto destacar que:

> Muito se discutiu sobre o registro do contrato de locação futura e apenas em situações excepcionais se permitia a sua execução, como, por exemplo, na fase preliminar do condomínio edilício, depois de registrada a incorporação, havendo possibilidade de se vincular a futura unidade autônoma para determinado empreendimento. Agora, porém, a norma do parágrafo único, do artigo 463, do Código Civil, não deixa margem à dúvida.

---

[14] CHICUTA, Kioitsi. A locação, o NCC e o Registro de Imóveis. Disponível em: <http://www.irib.org.br/html/biblioteca/biblioteca-detalhe.php?obr=110>. Acesso em: 01 ago 2014.

É possível registrar o contrato preliminar, desde que não permita o arrependimento.[15]

Aliás, é de se perguntar: a presença da promessa de locação no registro imobiliário pode-se dar tanto em sede de registro para a manutenção da locação na hipótese de alienação do imóvel locado e, também, na de averbação para fins do futuro exercício do direito de preferência? Não se vê qualquer impedimento, seja de ordem contratual, seja registral.

3.8 A averbação de ata notarial lavrada unilateralmente

Outrossim, a segunda questão prática que se julga oportuna cuidar neste artigo diz respeito a caso que foi objeto de veiculação no boletim "IRIB Responde", do Instituto de Registro Imobiliário do Brasil.

No caso em tela, a interessante dúvida formulada pelo registrador e a precisa resposta dada são transcritas adiante:

> "Pergunta:
> Recebi uma ata notarial, lavrada unilateralmente, em que são lançados dados a respeito da existência de um contrato de locação verbal. O locatário pretende, mediante a ata notarial que fez redigir, com dados sobre a localização do imóvel e o pagamento do aluguel, averbar essa locação para a finalidade de exercer o direito de

---

[15] CHICUTA, Kioitsi. A locação, o NCC e o Registro de Imóveis. Disponível em: <http://www.irib.org.br/html/biblioteca/biblioteca-detalhe.php?obr=110>. Acesso em: 01 ago 2014.

preferência. Pergunto: Não havendo contrato escrito, é possível averbar a existência da locação mediante simples apresentação de ata notarial?
Resposta:
A locação é tipificada e especial. Há normas do Código Civil e legislação específica.

Assim, entendemos que a ata notarial em questão não substitui o contrato de locação, seja ele em instrumento particular ou escritura pública. Não é esta a finalidade da ata notarial, consistente no documento que descreve um fato jurídico captado pelo Notário, por intermédio de seus sentidos e transcrito apropriadamente. É mera narração de fato verificado, não podendo haver juízo de valor, interpretação ou adaptação do fato.

Portanto, para garantir o direito de preferência, entendemos que ambos (locador e locatário) deverão formalizar o contrato celebrado, mediante escritura pública ou não e, posteriormente, providenciar sua averbação no Registro de Imóveis, conforme art. 167, II, 16, da Lei dos Registros Públicos.(...)."[16]

De fato, correta a resposta dada pelo IRIB. Malgrado inexista vedação, e a Lei de Locações ainda traga menção expressa à possibilidade de se pactuar a locação de forma verbal (art. 47), referido pacto não detém dos mesmos benefícios da avença escrita. Além disso, na hipótese em tela, a lavratura da ata notarial resultante de declaração unilateral não pode ser aceita.

---

[16] IRIB. IRIB Responde: Locação – ata notarial – averbação. Direito de preferência. Disponível em: <http://www.irib.org.br/html/noticias/noticia-detalhe.php?not=1120>. Acesso em: 31 jul 2014.

3.9 Considerações finais

O estudo do trânsito do contrato de locação no registro de imóveis é matéria fascinante e facilmente passível de resultar em uma obra deveras robusta, sobretudo se envolver a apreciação de casos práticos, tamanhas as inúmeras facetas que encerra.

Assim, o presente artigo buscou unicamente revisitar, de forma despretensiosa, alguns conceitos relevantes, com destaque a situações práticas bastante pontuais.

Referências

BRASIL. Lei 6.015, de 31 de dezembro de 1973. Dispõe sobre os Registros Públicos e dá outras providências. Disponível em: <http://www.planalto.gov.br/ccivil_03/leis/l6015.htm>. Acesso em 03 ago 2014.

BRASIL. Lei 8.245, de 18 de outubro de 1991. Dispõe sobre as locações dos imóveis urbanos e os procedimentos a elas pertinentes. Disponível em: <http://www.planalto.gov.br/ccivil_03/leis/l8245.htm>. Acesso em 03 ago 2014.

BRASIL. Tribunal de Justiça do Estado do Rio Grande do Sul. Apelação Cível n.º 70010522589, da 16.ª Câmara Cível. Apelante: Eli Schumanski e Cia. Ltda. Apelado: Sucessão de Arno Correa de Almeida. Relatora: Helena Ruppenthal Cunha. Porto Alegre, 16 de março de 2005.

CHICUTA, Kioitsi. A locação, o NCC e o Registro de Imóveis. Disponível em: <http://www.irib.org.br/html/biblioteca/biblioteca-detalhe.php?obr=110>. Acesso em 01 ago 2014.

DINIZ, Maria Helena. Sistemas de Registros de Imóveis. 10. ed. São Paulo: Saraiva, 2012.

FIORANTI, Cláudio. A nova Lei do Inquilinato e o Registro de Imóveis. *In* Registro de imóveis – Estudos de direito registral imobiliário. Porto Alegre: Fabris, 1997.

IRIB. IRIB Responde: Locação - ata notarial – averbação. Direito de preferência. Disponível em: <http://www.irib.org.br/html/noticias/noticia-detalhe.php?not=1120>, acesso em 31 jul 2014.

IRIB. BE2702 - 17 de outubro de 2006. Disponível em: <http://www.irib.org.br/html/boletim/boletim-detalhe.php?be=1118>, acesso em 01 ago 2014.

JACOMINO, Sérgio. O Instrumento Particular e o Registro de Imóveis. *In* GUERRA, Alexandre; BENACCHIO, Marcelo (coordenação). Direito Imobiliário Brasileiro. São Paulo: QuartierLatin, 2011.

TWORKOWSKI, Carlos Alberto. A averbação e o registro dos contratos de locação no registro de imóveis. RDI 62/15. jan-jun. 2007.

VENOSA, Sílvio de Salvo. Lei do Inquilinato Comentada, Doutrina e Prática. São Paulo: Atlas, 2010.

A CONTINUIDADE DA RELAÇÃO DE EMPREGO E A RESPONSABILIDADE TRABALHISTA DOS NOVOS DELEGATÁRIOS NOTARIAIS E REGISTRAIS

Edsel Nusda de Lima
OAB/SC 39.015
Especialista em Direito e Processo do Trabalho
Integrante da Comissão de Direito Notarial e Registros Públicos da OAB/SC
Advogado atuante nas Comarcas de Florianópolis-SC e Palhoça-SC

A responsabilidade trabalhista dos novos delegatários notariais e registrais é assunto que, nos últimos tempos, vem gerando grande dissenso entre os interpretes e operadores do direito. De um lado, tem-se o interesse de trabalhadores a serem protegidos diante de um repasse do serviço prestado pela delegação pública; de outro, uma relação com o novo delegatário, que começa a surgir: Quais as implicações decorrentes desse fato? Ocorre, na espécie, a denominada sucessão trabalhista? Tem o novo delegatário responsabilidades em face do contrato de trabalho mantido com seu antecessor? São questões de relevância na mencionada relação e sobre as quais se debatem juristas, operadores e atores interessados, às quais se pretende neste momento alguma reflexão.

Para uma melhor compreensão e introdução do tema, é pressuposto analisar alguns aspectos sobre: a) a relação de emprego no direito do trabalho; b) a sucessão trabalhista em caráter genérico; c) disposições gerais sobre os delegatários notariais e registrais.

4.1 Da Constituição da Relação de Emprego; da Sucessão de Empregadores; e, da Atividade Notarial e de Registro

a) Da Constituição da Relação de Emprego

O Direito do Trabalho, sustentado por diversas circunstâncias históricas, nasceu como ciência devido às questões sociais que surgiram durante a Revolução Industrial (no séc. XVIII), "[...] da luta dos trabalhadores pelo reconhecimento da dignidade do trabalho humano, das condições em que se deve desenvolver e do que lhe corresponde em termos de retribuição pelo esforço produtivo" (MARTINS FILHO, 2009, p.19).

Notadamente:

> Em face da exploração desmesurada do trabalho [...], os trabalhadores reivindicaram a formação de uma legislação protetora, com o intuito de regular: a segurança, higiene do trabalho; o trabalho do menor; o trabalho da mulher; o limite para jornada semanal de trabalho; a fixação de uma política mínima para o salário etc. (JORGE NETO; CAVALCANTE, 2012, p. 13).

Desse modo, o "[...] Direito do Trabalho responde fundamentalmente ao propósito de nivelar desigualdades [...]" (PLÁ RODRIGUEZ, 1993, p. 30).

É o ramo do Direito que busca regular as relações de trabalho, tanto individuais, que advém do contrato individual de trabalho, como coletivas, que estuda relações coletivas de trabalho, baseadas em negociação coletiva entre as entidades sindicais dos empregos e empregadores (MARTINS FILHO, 2009, p. 28-29).

Nesse sentido:

> [...] o Direito do Trabalho tem por fundamento melhorar as condições de trabalho dos obreiros e também suas situações sociais, assegurando que o trabalhador possa prestar seus serviços num ambiente salubre, podendo, por meio de seu salário, ter uma vida digna para que possa desempenhar seu papel na sociedade (MARTINS, 2012, p. 18).

A Relação de Trabalho é utilizada para referir-se a todas as relações jurídicas que se caracterizam por prestação de serviço consubstanciada de trabalho humano. Engloba a relação de emprego, relação autônoma de trabalho, relação de trabalho eventual, de trabalho avulso e de trabalho temporário.

A Relação de Emprego é caracterizada pela figura do empregado, assegurado por garantias trabalhistas regidas pela CLT (Consolidação das Leis Trabalhistas – Decreto-Lei nº 5.452, de 1943). É a relação jurídica (vínculo existente entre trabalhador e empregador) marcada pela identificação dos requisitos legais presentes nos arts. 2º e 3º da CLT:

> Art. 2º - Considera-se empregador a empresa, individual ou coletiva, que, assumindo os riscos da atividade

econômica, admite, assalaria e dirige a prestação pessoal de serviço.

Art. 3º - Considera-se empregado toda pessoa física que prestar serviços de natureza não eventual a empregador, sob a dependência deste e mediante salário.

Extraídos dos artigos acima citados, é certo que os elementos essenciais para a identificação de relação empregatícia são: (1) **trabalho por pessoa física**: a figura do trabalhador deverá ser sempre por pessoa natural; impossível o empregado ser pessoa jurídica ou animal; (2) **não eventualidade na prestação de serviço**: serviço de modo contínuo; há habitualidade, regularidade na prestação de serviços, vinculados à atividade empresarial; (3) **subordinação**: submissão; sujeição; o empregado tem de cumprir ordens determinadas pelo empregador em decorrência do contrato de trabalho (princípio da hierarquia); trabalho supervisionado; (4) **onerosidade**: contraprestação pecuniária por parte do empregador; pagamento de salário; ao prestar serviços o trabalhador deve ser remunerado em contrapartida; e, (5) **pessoalidade**: prestação pessoal de serviços; o empregador conta com pessoa certa (específica) para lhe prestar serviços.

De tal modo, quando o trabalhador for pessoa física, desempenhar serviços de forma não eventual, de maneira subordinada, pessoalmente, com a percepção de salário, restará caracterizado o vínculo de emprego, estando assim sujeito às leis trabalhistas (FGTS, horas extras, 13º salário, adicional noturno...).

Por sua vez, vislumbra-se que o regime celetista é único regime jurídico possível para os trabalhadores das serventias extrajudiciais das atividades notariais e de registro, haja vista que a prestação da atividade notarial e de registro tem natureza privada.

Do exposto, é fácil compreender que o vínculo que une o trabalhador ao delegatário dos serviços notariais e registrais constitui uma relação de emprego diante da literalidade do art. 236 da Constituição Federal de 1988, que expressamente determina: "Os serviços notariais e de registro são exercidos em caráter privado, por delegação do Poder Público".

b) Da Sucessão de Empregadores

A Sucessão, em sua concepção mais ampla, abrange todos os casos em que se constata uma substituição quanto ao respectivo sujeito. Consiste na substituição de uma pessoa por outra na relação jurídica. Esclarece a doutrina:

> Opera-se a sucessão quando, numa relação jurídica, se substitui um sujeito por outro, sem alteração do vínculo obrigacional. A relação permanece a mesma, com os mesmos direitos e deveres, aplicando-se aqui, com sobradas razões, a regra do *memo plus iuris*. Um se retira, o outro o substitui como que automaticamente, sem maiores conseqüências para a vida da relação (MORAES FILHO, 1960, p. 52).

A Sucessão de Empregadores – também conhecida como Sucessão de Empresa ou Sucessão Trabalhista – trata de regular a substituição do empregador na relação trabalhista. É identificada com a substituição do empregador, onde o sucessor, terceiro adquirente de estabelecimento (*trespasse*), assume a organização produtiva.

> A sucessão de empregadores consiste numa dupla cessão de crédito e de débito que, pela força da lei, torna-se

obrigatória. Assim sendo, ocorre quando um sucessor adentra na universalidade que compreende a empresa, substituindo a pessoa do antecessor, como se fosse ele próprio, continuando o negócio independente do consentimento do empregado. Em outras palavras, o instituto da sucessão se operacionaliza na transferência da titularidade de empresa ou estabelecimento, onde ocorre uma total transmissão de créditos e assunção de dívidas trabalhistas entre sucessor e sucedido (HAINZENREDER JÚNIOR, 2014).
[...] O novo empregador responde pelos contratos de trabalho concluídos pelo antigo, a quem sucede, porque lhe adquiriu *estabelecimento* [...]. É uma consequência da transferência do estabelecimento como "organização produtiva". Na frase de *Ferrara*, é "como se o posto de mando de um veículo fosse ocupado por outro" (SUSSEKIND *et al*, 1997, p. 308).

Embasada pelo princípio da continuidade da relação de emprego e pela teoria do risco do empregador, a CLT visa garantir a proteção do trabalhador em caso de alteração na titularidade da empresa ou na sua estrutura jurídica, através dos seguintes dispositivos:

Art. 10 - Qualquer alteração na estrutura jurídica da empresa não afetará os direitos adquiridos por seus empregados.
Art. 448 - A mudança na propriedade ou na estrutura jurídica da empresa não afetará os contratos de trabalho dos respectivos empregados.

Verifica-se que a ideia basilar garantida pelo legislador considera como primordial a preservação da relação de emprego tutelada juridicamente, independentemente das possíveis alterações subjetivas em face da pessoa do empregador, seja pela mudança na estrutura da sociedade empresarial ou transferência do negócio a título oneroso ou gratuito.

c) Da Atividade Notarial e de Registro

O termo "Delegatários Notariais e Registrais" nasce em razão do dispositivo do art. 236 da Constituição Federal, que dispõe que as atividades notariais e de registro serão exercidas em caráter privado por meio de delegação de poderes do Estado a particulares (pessoa física) habilitados em prova de concurso público de provas e títulos. Destaca a doutrina:

> Os notários e registradores [...] são profissionais do direito que exercem função pública delegada pelo Estado. Tais atividades são desempenhadas em caráter privado, sem que os profissionais que as exerçam integrem o corpo orgânico do Estado.
> [...] desempenham importante papel para a validade, eficácia, segurança jurídica e controle dos atos negociais.
> [...] são encarregados de conferir maior transparência, estabilidade e confiança a diversos aspectos e situações da vida jurídica dos cidadãos (LOUREIRO, 2014, p. 1).

Por disposição expressa do art. 236, da CRFB de 1988, vale destacar que o "cartório" não detém personalidade jurídica. A atividade notarial e de registro é exercida pela pessoa física. Quais sejam, os negócios jurídicos que envolvam a atividade notarial e de registro, serão sempre realizados pela a pessoa titular da delegação estatal (pessoa física, aprovada em concurso público de provas e títulos). Sobre o tema, manifesta-se a jurisprudência:

> CARTÓRIO EXTRAJUDICIAL - ILEGITIMIDADE PASSIVA AD CAUSAM - Nos termos do artigo 236 da Constituição Federal e da Lei nº 8.935/1994, o titular do serviço notarial e de registro é quem deve responder, exclusivamente, por débitos trabalhistas decorrentes da relação de emprego, que é estabelecida diretamente com o titular, e não com o cartório em si, pois não detém personalidade jurídica de direito, sendo mera repartição administrativa. Ausente a personalidade jurídica, não há falar em legitimidade do cartório para figurar no polo passivo da demanda, diante da ausência de capacidade processual de ser parte, pressuposto subjetivo de existência do processo. Recurso de revista não conhecido. (TST - RR 149400-74.2004.5.01.0041, Rel. Min. José Roberto Freire Pimenta - Data de Publicação: DJe 13.09.2013 - p. 657).

Diferentemente dos demais administradores da gestão pública, os notários e os registradores, em razão da delegação, gozam de independência funcional no exercício de suas atribuições, devendo obediência apenas à Lei e ao Poder de fiscalização do Judiciário.

> LEI 8.935/94 - Dispõe sobre serviços notariais e de registro.
> Art. 21. O gerenciamento administrativo e financeiro dos serviços notariais e de registro é da responsabilidade exclusiva do respectivo titular, inclusive no que diz respeito às despesas de custeio, investimento e pessoal, cabendo-lhe estabelecer normas, condições e obrigações relativas à atribuição de funções e de remuneração de seus prepostos de modo a obter a melhor qualidade na prestação de serviços.

Art. 28. Os notários e oficiais de registro gozam de independência no exercício de suas atribuições, têm direito à percepção dos emolumentos integrais pelos atos praticados na serventia e só perderão a delegação nas hipóteses previstas em lei.

A independência funcional permite aos Tabeliães e Oficiais de Registro realizarem a gerência de sua atividade de modo livre. Com efeito, para o bom andamento do cartório, com fulcro no princípio da continuidade registral e no princípio da legalidade, esses profissionais estão aptos a fazer a gestão na forma que lhes for mais conveniente.

> Vale dizer, este profissional do direito é dotado de liberdade decisória, sem nenhum tipo de condicionamento, seja de ordem política, econômica ou administrativa. O único limite é a ordem jurídica, que disciplina, entre outras matérias, o exercício da atividade, os limites de suas atribuições e os deveres a observar.
> Destarte, ele não é subordinado ao Poder Judiciário. Este poder tem apenas a atribuição constitucional de fiscalizar a atividade notarial e de registro. O poder de fiscalização do Judiciário abrange o poder normativo, vale dizer, de editar normas reguladoras da atividade notarial e de registro, visando sua harmonização e aprimoramento técnico [...].
> [...] o notário e o registrador são livres para contratar prepostos e exercer a gerência administrativa e financeira dos serviços que lhe foram delegados pelo Estado, cabendo-lhes estabelecer normas, condições e obrigações, relativas à atribuição de funções e de remuneração de seus prepostos, sem necessidade de homologação ou autorização judicial (LOUREIRO, Luiz Guilherme, 2014, p. 4).

Dentre as funções dos notários e dos registradores que estão regulamentadas pela Lei Federal nº 8.935/94, destacam-se:

> Art. 6º - Aos Notários compete: I - formalizar juridicamente a vontade das partes; II – intervir nos atos e negócios jurídicos a que as partes devam ou queiram dar forma legal ou autenticidade, autorizando a redação ou redigindo os instrumentos adequados, conservando os originais e expedindo cópias fidedignas de seu conteúdo; III – autenticar fatos.
> Art. 7º. Aos tabeliães de notas compete com exclusividade: I – lavrar escrituras e procurações, públicas; II - lavrar testamentos públicos e aprovar os cerrados; III – lavrar atas notariais; IV – reconhecer firmas; V – autenticar cópias.

Nestes termos, compreende aos delegatários gerenciar as atribuições das seguintes atividades: Tabelionato de Notas; Tabelionato de Protestos; Registro de Imóveis; Registro de Títulos e Documentos; Registro de Pessoas Jurídicas; e, Registro Civil das Pessoas Naturais.

4.2 Da Continuidade da Atividade Notarial e de Registro e a Responsabilidade Trabalhista pela Sucessão de Empregadores

O tema especificamente trata da principal questão: teria o novo delegatário responsabilidade em face do contrato de trabalho mantido com seu antecessor?

O Egrégio Tribunal Superior do Trabalho, ao examinar a matéria, vem reconhecendo que haverá aplicabilidade da Sucessão Trabalhista aos novos delegatários notariais e registrais quando, da transferência da titularidade do serviço "cartorial", restar caracterizada a continuidade na prestação de serviços pelo trabalhador. Assim, seguem as atuais jurisprudências:

> **RECURSO DE REVISTA. CARTÓRIO. SUCESSÃO TRABALHISTA. NÃO CONTINUIDADE DA PRESTAÇÃO DOS SERVIÇOS.** A sucessão de empregadores, a teor dos artigos 10 e 448 da CLT, pressupõe alteração significativa na estrutura interna da empresa de forma a afetar os contratos laborais. A intenção do legislador foi a de amparar o trabalhador que desconhece os negócios comerciais e que não sabe sobre quem recai a responsabilidade civil do empreendimento. Importa, portanto, resguardar os seus direitos, ainda que a ruptura contratual tenha ocorrido anteriormente à transação jurídica que ocasionou a sucessão, não olvidando, por óbvio, do direito regressivo que as empresas possuem de buscar na esfera cível as responsabilidades civis livremente pactuadas entre elas. **Todavia, em se tratando de serventia cartorial, a jurisprudência desta Corte orienta-se no sentido de que não há se falar em sucessão de empregadores quando não houver a continuidade da relação de emprego com o novo titular do cartório.** Dessa forma, sendo incontroverso nos autos não ter havido a continuidade da prestação de serviço pela reclamante ao novo titular cartorário, a aferição da alegação recursal ou da veracidade da assertiva do Regional depende de nova análise do conjunto fático-probatório dos autos, procedimento vedado nesta instância recursal, nos termos da Súmula nº 126 do TST, cuja aplicação afasta a violação legal apontada. Verifica-se, portanto, que a decisão regional foi proferida em consonância com a jurisprudência desta Corte. Recurso de revista não conhecido. (TST - RR - 1251-98.2010.5.12.0016, Relator Ministro: Augusto César

Leite de Carvalho, Data de Julgamento: 19/02/2014, 6ª Turma, Data de Publicação: DJe 21/02/2014).

AGRAVO - CARTÓRIO EXTRAJUDICIAL - SUCESSÃO TRABALHISTA - MUDANÇA DE TITULARIDADE. O Eg. Tribunal Regional decidiu conforme entendimento desta Eg. Corte, no sentido de que, **quando há transferência de titularidade do serviço notarial, desde que haja continuidade na prestação de serviços, resta caracterizada a sucessão trabalhista.** Precedentes. A decisão agravada foi proferida em estrita observância aos artigos 896, § 5º, da CLT e 557, caput, do CPC, razão pela qual é insuscetível de reforma ou reconsideração. Agravo a que se nega provimento. (TST - Ag-AIRR - 432-50.2010.5.02.0434, Relator Desembargador Convocado: João Pedro Silvestrin, Data de Julgamento: 25/06/2014, 8ª Turma, Data de Publicação: DJe 01/07/2014).

RECURSO DE REVISTA - PROCESSO ELETRÔNICO - SUCESSÃO TRABALHISTA. TITULAR DE CARTÓRIO EXTRAJUDICIAL. POSSIBILIDADE. RESPONSABILIDADE DO SUCESSOR. Ainda que o cartório extrajudicial não possua personalidade jurídica própria, seu titular é o responsável pela contratação, remuneração e direção da prestação dos serviços, equiparando-se, pois, ao empregador comum, sobretudo porque aufere renda proveniente da exploração das atividades do cartório. Assim, **a alteração da titularidade do serviço notarial, com a correspondente transferência da unidade econômico-jurídica que integra o estabelecimento, além da continuidade na prestação dos serviços, caracteriza a sucessão de empregadores.** Destarte, a teor dos artigos 10 e 448 da CLT, **o sucessor é que é o responsável pelos direitos trabalhistas oriundos das relações laborais vigentes à época do repasse.** Recurso de Revista não conhecido. (TST - RR - 212-74.2012.5.04.0871, Relator Ministro: Márcio Eurico Vitral Amaro, Data de Julgamento: 12/02/2014, 8ª Turma, Data de Publicação: DJe 14/02/2014).

Nesse pensamento, em outras palavras, com a manutenção do trabalho ao novo delegatário, o trabalhador poderá pleitear tanto os direitos trabalhistas anteriores a alteração do titular, como as posteriores.

De fato, o atual entendimento do TST, com base no art. 10 e 448 da CLT, torna harmônicas as relações sociais próprias ao tema, de modo que o trabalhador que continuar a trabalhar ao novo delegatário manterá segura, através da garantia mantida pela CLT, a relação empregatícia e seus direitos.

A crítica desafiadora que fica ante o aparente harmônico entendimento do Tribunal Superior incide no seguinte sentido: não estaria o TST, indiretamente, incentivando os novos delegatários a dispensar trabalhadores sem justa causa ao decidir que a responsabilidade trabalhista dos novos delegatários notariais e de registro nasce apenas e unicamente com a continuidade da prestação de serviços do antigo obreiro?

Com obviedade, é menos oneroso ao novo titular do "cartório" contratar novos trabalhadores, com salários mais baixos e sem o peso dos encargos trabalhistas dos labutadores de seu antecessor. Observado que o novo titular não obterá uma quantia de "caixa" relativamente a sua espera.

Neste norte, verifica-se que os antigos trabalhadores do antecessor cartorário, com a mudança de titularidade do delegatário, por consequência, sofrerão negativamente com uma grande possibilidade de demissão, contrariando os princípios basilares da proteção e os direitos trabalhistas e fundamentais mantidos pela Magna Carta de 1988, notadamente o reconhecimento aos valores sociais do trabalho (CRFB, art. 1º, IV).

Ainda, seguindo o raciocínio, o entendimento mantido pelo TST também não estaria colaborando para uma morosidade/ineficiência para a gerência dos cartorários?

Há de se pensar que sim, ao perfilhar pelo entendimento mencionado e, até certo ponto, estimular a dispensa dos antigos obreiros (aqueles mais experientes nas tarefas da *praxe*), o TST também acaba por interferir negativamente na cadeia de produção das serventias delegadas. O fato é que o antigo corpo funcional não poderá sequer ensinar as rotinas do dia a dia aos novos trabalhadores do novo delegatário, sob pena de ter que arcar com possíveis e antigos encargos trabalhistas.

No seu contraponto, o entendimento erigido pelo TST, além de incentivar a dispensa sem justa causa de trabalhadores anteriormente comprometidos, pode gerar a ineficiência da cadeia de produção cartorária, seja pela a dificuldade de "caixa" que o novo delegatário enfrentará no início de sua jornada, seja pela inexperiência da *praxe* de sua nova equipe, que sequer terá a oportunidade de treinar com antigos conhecedores dos meios do trabalho.

Assim, há de se concluir que o atual posicionamento mantido pelo Tribunal Superior do Trabalho atrita não só com os direitos fundamentais assegurados pela Constituição Federal de 1988, mas também com os princípios basilares do próprio Direito Trabalhista defendidos por este Tribunal, havendo os operadores do direito de persistirem no estudo do tema que, por sua especificidade, ainda demanda um maior debate e amadurecimento, sob pena de, respeitosamente, fomentar novos litígios e injustiças, pois, afinal, não se pode olvidar que o trabalhador, de regra, não tem a possibilidade de interferir diretamente na sorte do empreendimento, pelo que, não só de direito, mas também de fato, deve estar assegurado pelas mudanças estruturais no desenvolvimento da atividade econômica (CLT, arts. 10 e 448), fazendo, ao cabo, prevalecer os valores sociais do trabalho como princípio fundamental da Constituição Federal.

Referências

BRASIL. Constituição (1988). **Constituição da República Federativa do Brasil, de 05 de outubro de 1988**. Disponível em: <http://www.planalto.gov.br/ccivil_03/constituicao/constituicao.htm>. Acesso em: 28/09/2014.

BRASIL. Decreto-lei nº. 5.452, de 1º de maio de 1943. Instituiu a **Consolidação das Leis do Trabalho** (CLT). Dispõe sobre normas de regulamentação das relações de trabalho. Disponível em: <http://www.planalto.gov.br/ccivil_03/decreto-lei/del5452.htm>. Acesso em: 28/09/2014.

BRASIL. **Lei nº 8.935/94**, de 18 de novembro de 1994. Regulamenta o art. 236 da Constituição Federal, dispondo sobre serviços notariais e de registro. (Lei dos cartórios). Disponível em: < http://www.planalto.gov.br/ccivil_03/leis/l8935.htm>. Acesso Em: 28/09/2014.

BRASIL. **Lei nº 9.492**, de 10 de setembro de 1997. Define competência, regulamenta os serviços concernentes ao protesto de títulos e outros documentos de dívida e dá outras providências. Disponível em: < http://www.planalto.gov.br/ccivil_03/leis/l9492.htm>. Acesso em: 28/09/2014.

BRASIL. Tribunal Superior do Trabalho. **RR - 149400-74.2004.5.01.0041**. Rel. Min.: José Roberto Freire Pimenta. DJe 13/09/2013. Disponível em: <http://www.tst.jus.br/>. Acesso em 16/07/2014.

BRASIL. Tribunal Superior do Trabalho. **Ag-AIRR - 432-50.2010.5.02.0434**. Rel. Des. Conv.: João Pedro Silvestrin. DJe 01/07/2014. Disponível em: <http://www.tst.jus.br/>. Acesso em 19/08/2014.

BRASIL. Tribunal Superior do Trabalho. RR- **1251-98.2010.5.12.0016**. Rel. Min.: Augusto César Leite de Carvalho. DJe 21/02/2014. Disponível em: <http://www.tst.jus.br/>. Acesso em 19/08/2014.

BRASIL. Tribunal Superior do Trabalho. **RR- 212-74.2012.5.04.0871**. Rel. Min.: Márcio Eurico Vitral Amaro. DJe 14/02/2014. Disponível em: <http://www.tst.jus.br/>. Acesso em 19/08/2014.

HAINZENREDER JÚNIOR, Eugênio. **SUCESSÃO DE EMPREGADORES - RESPONSABILIDADE DO EMPREGADOR SUCESSOR E DO EMPREGADOR SUCEDIDO**. Disponível em: <http://online.sintese.com>. Acesso em: 24/07/2014.

JORGE NETO, Francisco Ferreira; CAVALANTE, Jouberto de Quadros Pessoa. **Direito processual do trabalho**. 5ª ed. São Paulo: Atlas, 2012.

LOUREIRO, Luiz Guilherme. **Registro e Públicos: teoria e prática**. 5ª ed. ver., atual. e ampl.. São Paulo: Método, 2014.

MARTINS, Sergio Pinto. **Direito do Trabalho**. 28ª ed. São Paulo: Atlas, 2012.

MARTINS FILHO, Ives Granda da Silva. **Manual de Direito e Processo do Trabalho**. 18ª ed. ver. e atual. São paulo: Saraiva, 2009.

MORAES FILHO. Evaristo de. **Sucessão nas Obrigações e a Teoria da Empresa**. Vol. I e II. Rio de Janeiro: Editora Forense, 1960.

PERREIRA, Michel Silveira. **Sucessão Trabalhista dos Notários e Registradores quando da Transferência da Titularidade da Serventia** [trabalho de conclusão de curso]. Lages: Universidade do Planalto Catarinense, Curso de Direito, 2014.

PLÁ RODRIGUEZ, Américo. **Princípios de Direito do Trabalho**. 2ª ed. Tradução de Wagner D. Giglio. São Paulo: LTr, 1978.

SUNSSEKIND, Arnaldo; MARANHÃO, Délio; VIANNA, Segadas; TEIXEIRA, Lima; TEIXEIRA FILHO; João de Lima. **Instituições do Direito do Trabalho**. 17ª ed. atual. até 30/04/97. São Paulo: LTR, 1997.

5}

A (IN)EXIGIBILIDADE DA CERTIDÃO DE FEITOS AJUIZADOS NAS ESCRITURAS PÚBLICAS IMOBILIÁRIAS E A LEI 13.097/2015

GABRIELA LUCENA ANDREAZZA
OAB/SC 26.219
Especialista em Direito Notarial e Registros Públicos, Direito Constitucional, Direito Registral Imobiliário com ênfase em Direito Notarial, Novo Direito Civil e Processo Civil, Direito Tributário, e Administração Pública e Gerência de Cidades
Integrante da Comissão de Direito Notarial e Registros Públicos da OAB/SC
Professora Universitária na UNIPLAC
Advogada Licenciada
Analista Jurídica do Tribunal de Justiça de Santa Catarina

Aos meus avós Marilena e Hélio Andreazza,
os melhores professores que a vida poderia me dar.

5.1 Introdução

A análise da normatização que orbita em torno da exigibilidade ou não da certidão de feitos ajuizados quando da lavratura das escrituras públicas imobiliárias é o objeto do presente trabalho.

Antes de mais nada, serão tecidas considerações sobre os contornos jurídicos da atividade notarial no Brasil, com ênfase para a função profilática do notário e a segurança jurídica que decorre dos atos praticados em um Tabelionato de Notas.

Na sequência, analisar-se-ão os requisitos essenciais das escrituras públicas imobiliárias previstos na Lei 7.433/1985 e no Decreto 93.240/1986, abordando a novel Lei 13.097, de 19 de janeiro de 2015, resultado da conversão da Medida Provisória nº 656, de 7 de outubro de 2014.

Finalmente, proceder-se-á uma reflexão crítica sobre a (in)exigibilidade da certidão de feitos ajuizados nas escrituras imobiliárias.

Concluir-se-á o raciocínio com um levantamento dos principais argumentos a favor e contra a exigibilidade das certidões expedidas pelos distribuidores judiciais, da esfera cível e criminal, tanto da Justiça Estadual, quanto da Federal e do Trabalho. Exposta as divergências nas normatizações locais, convidar-se-á o leitor a refletir sobre a Lei 13.097/2015 e suas implicações sobre o tema.

5.2 Contornos jurídicos da atividade notarial. A função profilática do Notário e a segurança jurídica

Serviços notariais e de registro são atividades essencialmente jurídicas desenvolvidas em caráter privado por profissionais do direito que receberam uma delegação do poder público.

A prática permite aferir que o Notário é um profissional do direito que acaba por estabelecer laços próximos com o cidadão que busca os serviços notariais. É característica marcante do notariado do tipo latino a função de aconselhamento imparcial dos envolvidos, com o objetivo de atuar como agente de profilaxia jurídica, evitando a formação de litígios futuros.

"Ao reduzir a litigiosidade, por gerar atos jurídicos de acordo com a vontade das partes e o ordenamento jurídico, o notário produz segurança jurídica e paz social". (BRANDELLI, 2011, p. 103).

O notário é um perito em direito que não pode se furtar de adentrar no universo da psicologia humana. Isto porque "a aflição humana reclama dose imensa de compreensão, paciência, efetivo interesse e generosidade para encaminhamento de questões complexas" (NALINI, *in* CHAVES; REZENDE, 2011. P. XIV).

Em obra datada do início do século XX, mas de surpreendente atualidade, Joaquim de Oliveira Machado qualificou o tabelião como "confidente, conselheiro das partes e agente da paz privada", nos seguintes termos:

> Confidente, porque em seu gabinete, ouve attento as propostas, os convênios que os contractantes pretendem celebrar. *Conselheiro*, porque indica o caminho lícito que lhes compete tomar, esclarece os effeitos próximos ou remotos do acto, aponta as precauções necessárias para evitar o sophisma, a tergiversação, e avisa as formalidades posteriores a preencher, taes como a insinuação, inscripção, a transcripção para o completo implemento jurídico da operação. *Agente da paz privada* porque accommodando os direitos de um com o interesse dos outros, previne as contendas forenses, copiosa fonte de ruínas para uns e inquietações para outros (MACHADO *apud* CHAVES; REZENDE, 2010, p. 14).

O princípio notarial contemporâneo da prevenção de litígios ou acautelamento reza que o Tabelião deve exercer seu mister com diligência e responsabilidade, procurando aconselhar as partes sobre as possíveis consequências da prestação solicitada.

> Aí está o fundamento, a beleza e a importância do direito notarial: a intervenção estatal na esfera de desenvolvimento voluntário do direito buscando a certeza e segurança jurídica preventivas, evitando litígios, acautelando direitos, dando certeza às relações, e sendo, portanto, um importante instrumento na consecução da paz social.(BRANDELLI, 2011, p. 131).

Ressaltando a importância do Tabelião e da instituição notarial, Carlos Fernando Brasil Chaves e Afonso Celso Rezende (2010) defendem que seu atuar consiste em "plasmar a tutela estatal na esteira das relações privadas voluntárias, com vistas a realizar Segurança Jurídica de base preventiva, evitando e prevenindo litígios por meio de atos de sua competência.
Segurança Jurídica. Eis o escopo último dos serviços notariais e de registro.

> A função notarial latina é, sem sombra de dúvidas, um importante instrumento de prevenção e dissolução da lide, que é a patologia jurídica. Infelizmente, a cultura processual do nosso direito não permitiu ainda que se vislumbre todo o potencial notarial de pacificação social, e de redução de custos e litígios. (BRANDELLI, 2011, p. 121).

A segurança, como liberação do risco, está relacionada ao aperfeiçoamento dos sistemas de controle em, que, através de remissões recíprocas, se busca constituir uma rede firme e completa de informações seguras (CENEVIVA, 2010, p. 55).

Esta rede de informações, construída através de anotações realizadas nos próprios ofícios ou mediante comunicações entre serventias distintas e para diversas entidades públicas, permite que a emissão de informações atualizadas e confiáveis.

A finalidade última do registro imobiliário, para Josué Modesto Passos, é "dar ao público alguma segurança jurídica sobre os fatos nele inscritos, já a bem da certeza sobre a existência e o conteúdo dos direitos, já a bem da segurança do tráfico" (PASSOS, 2014, p. 30).

O sistema notarial e registral brasileiro foi pensado para fornecer segurança jurídica. Desta forma, as Notas e os Registros Públicos, enquanto partes componente de um sistema jurídico muito mais abrangente, contribuem para a consecução do fim maior do direito: a maior aproximação possível ao ideal de justiça.

5.3 Requisitos das Escrituras Públicas Imobiliárias. Lei 7.433/1985, alterada pela Lei 13.097/2015, e Decreto 93.240/1986

A escritura pública é o instrumento que comprova a celebração de um contrato bilateral ou manifestação da vontade.

Conforme o art. 215 do Código Civil, a escritura lavrada por Tabelião é dotada de fé pública e faz prova plena. A presunção que decorre do instrumento é relativa (*juris tantum*). O parágrafo primeiro do art. 215 do Código Civil apresenta os requisitos básicos que devem ser observados na elaboração de qualquer escritura, sem prejuízo de outros requisitos específicos previstos em lei.

Os requisitos essenciais para a lavratura escrituras públicas imobiliárias são objeto da Lei 7.433 de 18 de dezembro de

1985, regulamentada pelo Decreto 93.240/1986. Devido à relevância da referida norma para o objeto do presente trabalho, e seu sintético conteúdo, passamos a analisar os artigos que merecem destaque:

> **LEI Nº 7.433, DE 18 DE DEZEMBRO DE 1985.**
> Dispõe sobre os requisitos para a lavratura de escrituras públicas e dá outras providências.
> O PRESIDENTE DA REPÚBLICA , faço saber que o Congresso Nacional decreta e eu sanciono a seguinte Lei:
> Art 1º - Na lavratura de atos notariais, inclusive os relativos a imóveis, além dos documentos de identificação das partes, somente serão apresentados os documentos expressamente determinados nesta Lei.

O §1º do artigo inaugural estende as orientações da Lei à confecção dos instrumentos particulares de contrato em que forem parte o Banco Nacional de Habitação ou entidades que integrem o Sistema Financeiro de Habitação.

Especial atenção merece o parágrafo segundo do Art. 1º, cuja redação original segue na íntegra: "§ 2º - O Tabelião consignará no ato notarial, a apresentação do documento comprobatório do pagamento do Imposto de Transmissão inter vivos, as certidões fiscais, **feitos ajuizados**, e ônus reais, ficando dispensada sua transcrição" (BRASIL, Lei 7.433, sem grifos no original).

O supra citado Art. 1º, § 2º traz o cerne da discussão do presente trabalho, qual seja, a exigibilidade ou não da Certidão de Feitos Ajuizados nas escrituras públicas que envolvam transação imobiliária. Devido à especificidade do tema, será analisado com mais vagar em tópico próprio mais adiante.

Recentemente, através da Medida Provisória nº 656, de 07 de outubro de 2014, alterou-se o § 2º do Art. 1º da Lei 7.433 para fazer constar o texto que segue: "O Tabelião consignará no ato notarial a apresentação do documento comprobatório do pagamento do Imposto de Transmissão inter vivos, as certidões fiscais e as **certidões de propriedade** e de ônus reais, ficando dispensada sua transcrição" (BRASIL, Medida Provisória 656, sem grifos no original). A nova redação restou confirmada pela conversão da Medida Provisória na Lei 13.097/2015.

A Lei 7.433/1985 que vimos acima é regulamentada pelo Decreto 93.240/1986, o qual, em resumo, arrola como necessários para a lavratura de escrituras públicas imobiliárias os documentos constantes do esquema a seguir:

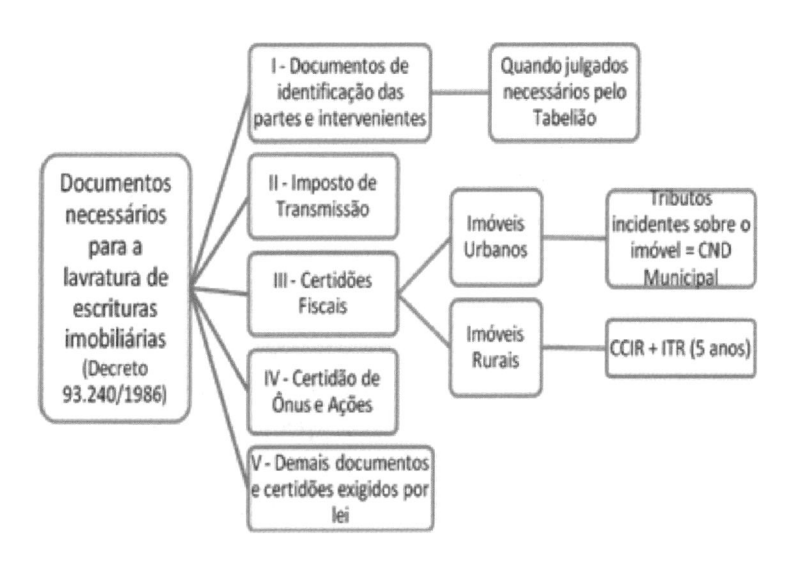

```
Documentos necessários para a lavratura de escrituras imobiliárias (Decreto 93.240/1986)
├── I - Documentos de identificação das partes e intervenientes → Quando julgados necessários pelo Tabelião
├── II - Imposto de Transmissão
├── III - Certidões Fiscais
│   ├── Imóveis Urbanos → Tributos incidentes sobre o imóvel = CND Municipal
│   └── Imóveis Rurais → CCIR + ITR (5 anos)
├── IV - Certidão de Ônus e Ações
└── V - Demais documentos e certidões exigidos por lei
```

Observe-se que o Art. 1º, § 2º da lei regulamentada (Lei 7.433/1985) falava, em sua redação originária, na necessidade do tabelião consignar no ato notarial a apresentação do comprovante de pagamento do imposto incidente sobre o ato, das certidões fiscais, **de feitos ajuizados** e de ônus reais.

Por outro lado, a norma regulamentadora (Decreto 93.240/1986) prevê documentos de identificação das partes, imposto de transmissão, certidões fiscais, certidão de ônus e ações e demais documentos exigidos por lei.

Note-se que a norma regulamentadora não menciona expressamente a necessidade de apresentação da **certidão de feitos ajuizados** tal qual constou da norma regulamentada.

O que o Decreto fez foi delimitar o alcance da expressão "certidões fiscais" constantes da norma regulamentada, esclarecendo que, em se tratando de imóveis urbanos, as certidões fiscais são aqueles dos tributos incidentes sobre o imóvel, *in casu* a certidão negativa municipal dando conta da inexistência de débitos de IPTU. No que concerne aos imóveis rurais, as certidões fiscais consistem no CCIR – Certificado de Cadastro de Imóvel Rural expedido pelo INCRA e na comprovação de pagamento do ITR – Imposto sobre a propriedade territorial rural dos últimos cinco anos.

Além disso, o inciso IV do Art. 1º do Decreto inovou em relação ao que constava na Lei 7.433/1985 ao exigir a apresentação da certidão de **ações reais e pessoais reipersecutórias**, relativas ao imóvel, e a de ônus reais, expedidas pelo Registro de Imóveis competente.

Sobre o tema, é válido transcrever as palavras de Leonardo Brandelli (2011, p. 384):

> Além da obrigatoriedade de apresentação da certidão expedida pelo Registro de Imóveis em que se encontra matriculado o imóvel, a fim de averiguar-se a sua

situação jurídica, deverá o tabelião exigir do outorgante uma declaração de que não existem ações reais ou pessoais reipersecutórias, nem ônus reais sobre o imóvel, sob pena de responder civil e criminalmente por eventual falsidade na declaração.

Insta esclarecer que ações pessoais reipersecutórias são aquelas que, embora não digam respeito diretamente sobre o imóvel, por não serem reais, sua natureza tem o condão de afetar indiretamente a coisa, tal qual ocorre na ação declaratória de nulidade de um contrato já registrado no fólio imobiliário.

5.4 A (in)exigibilidade da certidão de feitos ajuizados nas escrituras públicas imobiliárias

Muito se discutiu sobre a possibilidade de dispensa ou não das certidões de feitos ajuizados quando da lavratura das escrituras públicas que tratem de negócios jurídicos que envolvam bens imóveis.

Na tentativa de interpretar o alcance da expressão "feitos ajuizados" constante da Lei 7.433/1985, há certo consenso de que se trata de certidões expedidas pelos órgãos dotados de jurisdição na esfera federal e estadual, nos âmbitos cível, criminal, trabalhista e eleitoral, tanto do domicílio das partes outorgantes (vendedores, doadores ou instituidores de direitos reais) quando do local da situação dos bens.

A utilidade das certidões de feitos ajuizados é informar sobre a eventual existência de ações contra o alienante/onerante, bem como de ações que recaiam sobre o imóvel em negociação.

No que concerne às certidões de feitos trabalhistas, vale fazer um aparte para mencionar que a Consolidação das Leis do

Trabalho (Decreto-Lei 5.452/1943) foi alterada em 2011 pela Lei 12.440 que fez inserir o Art. 642-A que trata da Certidão Negativa de Débitos Trabalhistas - CNDT, nos seguintes termos:

> TÍTULO VII-A
> DA PROVA DE INEXISTÊNCIA DE DÉBITOS TRABALHISTAS
> Art. 642-A. É instituída a **Certidão Negativa de Débitos Trabalhistas (CNDT)**, expedida gratuita e eletronicamente, para **comprovar a inexistência de débitos inadimplidos perante a Justiça do Trabalho.**

Consoante a Recomendação nº 3 do Conselho Nacional de Justiça, é de bom alvitre que os Tabeliães de Notas cientifiquem as partes da possibilidade de obtenção da CNDT quando se tratar de alienação ou oneração de imóvel ou direito a ele relativo, bem como partilha de bens imóveis decorrente de separação, divórcio ou dissolução de União Estável.

A polêmica sobre a necessidade ou não da apresentação das certidões de feitos ajuizados para a lavratura das escrituras imobiliárias voltou à tona quando da edição da Lei 11.382/2006 que inseriu o art. 615-A no Código de Processo Civil, tratando da possibilidade da averbação premonitória quando do ajuizamento de processo de execução. O dispositivo legal preceitua:

> Art. 615-A. O exeqüente poderá, no ato da distribuição, obter **certidão comprobatória do ajuizamento da execução,** com identificação das partes e valor da causa, para fins de **averbação no registro de imóveis,** registro de veículos ou registro de outros bens sujeitos à penhora ou arresto.
> §1º O exeqüente deverá comunicar ao juízo as averbações efetivadas, no prazo de 10 (dez) dias de sua concretização.

§2° Formalizada a penhora sobre bens suficientes para cobrir o valor da dívida, será determinado o cancelamento das averbações de que trata este artigo relativas àqueles que não tenham sido penhorados.

§3° Presume-se em fraude à execução a alienação ou oneração de bens efetuada após a averbação (art. 593).

§4° O exeqüente que promover averbação manifestamente indevida indenizará a parte contrária, nos termos do §2° do art. 18 desta Lei, processando-se o incidente em autos apartados.

§5° Os tribunais poderão expedir instruções sobre o cumprimento deste artigo. (grifos nossos).

Apesar da evidente evolução do sistema registral, a inovação do art. 615-A não tem o condão de eliminar a exigência de certidões, pelas seguintes razões:

I. Aplica-se apenas aos processos de execução, pois deve sofrer exegese estrita por impor limite ao exercício normal dos direitos sobre o bem;

II. A lei não obriga o interessado à averbação premonitória e, apesar de decorrerem presunções da prática de atos referentes a feitos judiciais no registro imobiliário, não se nega ao interessado que não adotou a medida exercitar seus direitos com relação a terceiros estranhos ao processo, desde que produza a prova cabível;

III. A Lei 7.433/85, enquanto vigente na sua redação originária, por ser norma cogente, de interesse público, exige a apresentação das certidões de feitos ajuizados para a lavratura de atos notariais.

Vale dizer que dada a tenra idade da Lei 13.097/2015, o tema da (in)exigibilidade das certidões de feitos ajuizados está passando por um período de adaptação. Como é de se esperar, a sociedade e os operadores do Direito precisam se habituar à nova sistemática. Todavia, o estudo da antiga normatização continuará sendo indispensável por dois motivos: Primeiro porque os atos jurídicos perfeitos, praticados sob a égide da lei anterior, permanecem por ela regidos. A dois, pois a única forma de se compreender com segurança a evolução do direito é analisar a sua mutação em um contexto histórico.

Tecidas estas considerações de caráter geral, passa-se a investigar a normatização de cada Ente Federativo sobre o tema.

A cada um dos Estados e ao Distrito Federal foi reservada a competência de "normatização de caráter administrativo contido nas Constituições Estaduais, Leis de Organização Judiciária e Código de Normas (que são as normas técnicas emitidas pela Corregedoria para determinação da lei de organização judiciária de cada Estado)" (COSTA, 2009).

Normas de Serviço, Consolidação Normativa, Código de Normas, Normas Consolidadas, entre outras, são as diversas nomenclaturas utilizadas para se referir à técnica de consolidação de normas administrativas que disciplinam a atividade dos notários e registradores.

Sérgio Jacomino identifica nas normas estaduais um fator de insegurança jurídica, posto que não há consonância no posicionamento dos diversos Estados da Federação. Diz o autor:

> Impulsionadas pela Lei 8.935, de 1994 – que em seu artigo 30, incisos IV e XIV dispõe sobre a observância das normas técnicas baixadas pelo juízo competente – tais normas hoje representam um fator de instabilidade na aplicação da norma federal por dispor, de forma variegada, sobre procedimentos de registro e notas (JACOMINO).

Neste cenário de diversidade normativa e insegurança jurídica, faz-se necessário investigar os principais argumentos a favor e contra a exigibilidade da apresentação das certidões de feitos ajuizados.

a) Principais argumentos a favor da exigibilidade

Uma primeira corrente, fundada em uma análise principiológica pautada na segurança jurídica e no dever de assessoramento dos Tabeliães de Notas aponta para a necessidade de se exigir a apresentação das certidões de feitos ajuizados.

"As certidões de feitos ajuizados – também chamadas certidões forenses – são, conforme se pode verificar do texto da lei, requisitos para a lavratura de escrituras, especialmente as relativas a imóveis" (KOLLET, 2008, p. 121).

A *mens legis*, ou a intenção da Lei 7.433/1985, seria no sentido de fornecer maior segurança jurídica aos adquirentes de direitos reais sobre imóveis. Isto porque a apresentação de tais certidões a serem expedidas pelos distribuidores cíveis e criminais das justiças estadual e federal viabilizaria a celebração de um negócio jurídico com maior ciência dos riscos envolvidos.

"A exigência tem fundamento na boa-fé. O adquirente que – em uma compra e venda, por exemplo, diligentemente verificar a situação forense do alienante terá estampada e reluzente a sua boa-fé" (KOLLET, 2008, p. 121).

É útil lembrar que "em certos casos, o comprador, ainda que de boa-fé e num negócio que, para ele seria absolutamente legítimo, poderá perder a propriedade do bem para um eventual credor do vendedor" (SILVA *apud* COSTA, 2009, p. 75).

Neste sentido as palavras de Luciano Ziebarth:

> Tais certidões de *feitos ajuizados*, expedidas com base nos registros constantes da Distribuição Judicial, dos feitos estaduais, federais e trabalhistas, da localização do imóvel e do domicílio do alienante possibilitam, em geral, a **prevenção da fraude à execução no caso de ações já ajuizadas, como também, da fraude contra credores**. Tal certidão de feitos ajuizados adverte e impossibilita, ainda, a lavratura de ato nulo ou anulável, como a transmissão de bens por pessoa incapaz (interditado) (ZIEBARTH, 2007, grifo nosso).

Após a entrada em vigor do Código Civil de 2002, o Direito Civil brasileiro precisou ser relido a partir das lentes da Constituição de 1988 e dos princípios informativos da boa-fé objetiva e das cláusulas abertas.

A intenção das partes passou a ter mais valor, podendo em alguns casos se sobrepor inclusive às manifestações de vontade equivocadamente externadas. Trata-se da consagração do princípio da intencionalidade nas relações negociais positivado no Art. 112 do Código Civil.

O Notário que é dotado da função de captar, interpretar e formalizar juridicamente a vontade das partes, tem também o dever de informá-las a respeito das consequências jurídicas dos atos que pretendem praticar, orientando-as sobre formas de prevenir futuros litígios. Neste contexto insere-se a necessidade, premente para alguns, de exigência da apresentação das certidões de feitos ajuizados.

> Ao formalizar um ato jurídico o qual qualifique como de acordo com o direito, o notário, após chegarem as partes a um consenso, fará com que a lide seja evitada, primeiro, porque aquelas foram levadas ao consenso; segundo,

porque lhes foi explicado qual o alcance jurídico de seu ato; e terceiro, porque o ato celebrado foi de maneira segura, conforme o direito, de modo que está certo o direito subjetivo de cada parte (BRANDELLI, 2011, p. 120).

Vale dizer que a mera existência de uma ação penal que esteja correndo em desfavor do pretenso alienante, ou mesmo a indicação de existência de uma ação cível não impede a alienação ou oneração do bem imóvel.

Na verdade, é possível que a informação positiva constante de tais certidões possa não representar, em um primeiro momento, maiores riscos de gerar consequências deletérias ao pretenso adquirente.

Por outro lado, se da mesma ação penal puder haver reflexos patrimoniais futuros, tais quais uma ação civil *ex delicto*, e se esta ação cível culminar na declaração de nulidade de negócio jurídico anterior envolvendo o mesmo bem, é possível que haja comprometimento da tranquilidade do adquirente, pois este poderá sofrer os efeitos da evicção, perdendo o bem para o detentor do melhor direito em virtude de uma decisão judicial.

Em relação ao instituto da evicção, podemos conceituá-lo da seguinte maneira:

> É a perda da coisa, por força de decisão judicial, fundada em motivo jurídico anterior, que a confere a outrem, seu verdadeiro dono, com o reconhecimento em juízo da existência de ônus sobre a mesma coisa, não denunciado oportunamente no contrato (DINIZ, 2004, p. 339).

A doutrina aponta a existência de casos em que a justiça tem tornado ineficazes inúmeras transações imobiliárias. Neste sentido, o cuidado de fazer exibir as certidões de feitos ajuizados seria necessário "porque nem todos os Reclamantes ou seus procuradores tomam providências no sentido de fazer inscrever ou registrar a penhora de bens junto registro competente" (CHAVES; REZENDE, 2010, p. 217-218).

De qualquer forma, a apresentação das certidões viabilizaria uma tomada de decisão consciente, porquanto o adquirente ou credor seria informado das possíveis consequências daí decorrentes e avaliaria os riscos de, ainda assim, celebrar o negócio jurídico.

Mais do que isso, o terceiro adquirente de boa-fé que exigiu a apresentação das certidões de feitos ajuizados teria em mãos mais um argumento de defesa em face de superveniente alegação de nulidade de título de seu antecessor.

"O princípio da boa fé é o mais importante de todo o sistema jurídico e pode, em algumas oportunidades, afrontar o princípio da nulidade dos atos jurídicos" (AZEVEDO *apud* SILVA FILHO, 1992, p. 191).

Sobre o tema, vide decisão do STJ no Recurso em Mandado de Segurança nº 27.358/RJ:

> Cabe ao adquirente provar que desconhece a existência de ação envolvendo o imóvel, não apenas porque o art. 1.º, da Lei n.º 7.433/85, exige a apresentação das certidões dos feitos ajuizados em nome do vendedor para lavratura da escritura pública de alienação, mas, sobretudo, porque só se pode considerar, objetivamente, de boa-fé o comprador que toma mínimas cautelas para a segurança jurídica da sua aquisição (SUPERIOR TRIBUNAL DE JUSTIÇA, Recurso em Mandado de Segurança nº 27.358/RJ).

Estes motivos permitem concluir que (na sistemática clássica) a certidão de ônus reais e ações reais e pessoais reipersecutórias expedidas pelo registrador imobiliário com validade de 30 dias nos termos do Decreto 93.240/1986 não seriam suficientes para refletir a real situação do imóvel. A doutrina aponta que a certidão de ônus e ações é extremamente precária, pois é raríssimo o registro de uma citação em ação real ou pessoal reipersecutória (SILVA FILHO, 1992. p. 188).

Elencados os principais argumentos que pendem pela necessidade de apresentação das certidões dos distribuidores judiciais, passa-se a analisar a corrente diametralmente oposta, segundo a qual tais certidões seriam inexigíveis, desde logo.

b) Principais argumentos a favor da inexigibilidade

Uma segunda linha de raciocínio é aquela que defende a inexigibilidade das certidões de feitos ajuizados. Neste norte, não caberia ao Tabelião exigir a apresentação de tais certidões, nem poderia o registrador obstar o ingresso do título com base na sua ausência. Nem agora, nem antes da alteração da Lei 7.433/1975.

Na esfera dos direitos patrimoniais disponíveis, em um regime de direito privado, aplica-se o princípio da legalidade tal qual insculpido no Art. 5º, II da Constituição da República: "Ninguém será obrigado a fazer ou deixar de fazer alguma coisa senão em virtude de lei".

No mesmo norte, o Art. 1º da Lei 7.433/1985 diz que "na lavratura de atos notariais [...] somente serão apresentados os documentos expressamente determinados nesta lei". Se a expressão "feitos ajuizados" constante da redação original do Art. 1º, §2º deve ser interpretada no sentido da Regulamentação dada pelo Decreto 93.240/1986, conclui-se que ao mencionar "feitos ajuizados" a intenção da Lei foi exigir a apresentação da certidão negativa de ônus reais e de ações reais e pessoais reipersecutórias expedida pelo registrador imobiliário.

Os defensores desta corrente fundamentam-se nos ensinamentos de Serpa Lopes, segundo o qual "em matéria de Registro de Imóveis toda a interpretação deve tender para facilitar e não para dificultar o acesso dos títulos ao Registro" (LOPES *apud* PAIVA).

Neste sentido a doutrina de Marco Antonio Botto Muscari:

> Para a lavratura de atos notariais, a Lei n. 7.433, de 18 de dezembro de 1985, dispõe: "O Tabelião consignará no ato notarial, a apresentação do documento comprobatório do pagamento do Imposto de Transmissão 'inter vivos', as certidões fiscais, *feitos ajuizados*, e ônus reais, ficando dispensada sua transcrição" (art. 1º, § 2º – destaquei). Todavia, **a alusão a "feitos ajuizados" refere-se apenas a** ações reais e pessoais reipersecutórias concernentes ao imóvel, sendo **certo que as certidões reclamadas são aquelas expedidas** pelo Registro de Imóveis (cf. art. 1º, IV, do Decreto n. 93.240/86, que regulamentou a Lei 7.433). Ora, se quem expede as certidões exigidas – certidões relacionadas apenas a ações reais e pessoais reipersecutórias, vale insistir – é a Serventia Predial, cai o argumento de que a busca de certidões do distribuidor é exigência legal (MUSCARI, 2007, grifo nosso).

Some-se a isto o fato de que, sob pena de responsabilidade civil e penal, o outorgante tem a obrigação de declarar expressamente na escritura a existência de outras ações reais e pessoais reipersecutórias relativas ao imóvel, e outros ônus reais que eventualmente incidam sobre o bem.

De acordo com os defensores da inexigibilidade, há um sistema de duplo controle previsto no Decreto que regulamentou a Lei 7.433/1986 em que além da apresentação das certidões de ônus e ações expedidas pelo Oficial de Registro de Imóveis da circunscrição do bem, há a necessidade do transmitente ou onerante realizar declaração apontando a eventual existência de outros ônus ou ações que não constem da matrícula.

Existem outras situações em que o alienante ou onerante declara, sob pena de responsabilidade, que inexistem débitos fiscais pendentes sobre o imóvel urbano ou que não é contribuinte obrigatório da previdência social nos termos da Lei 8.212/1991. Tais declarações são aceitas amplamente pelos Tabeliães de Notas.

Ademais, quando o Legislador assim entendeu, exigiu expressamente a apresentação das certidões fornecidas pelos distribuidores cíveis e criminais, *e.g.* como ocorre no Art. 18 da Lei 6.766/1979 e no Art. 32 da Lei 4.591/1964.

Os defensores da desnecessidade de apresentação das certidões de feitos ajuizados entendem que a certidão de feitos ajuizados na verdade é a certidão negativa de ônus e ações reais e pessoais reipersecutórias expedida pelo registro imobiliário. Neste norte, apontam para a existência de uma série de instrumentos jurídicos que permitem o ingresso na matrícula de informações a respeito da judicialização de causas que possam atingir o bem.

> Ainda, o ordenamento jurídico confere ao credor meios de atribuir publicidade *erga omnes* ao processo judicial que afete um imóvel, seja através do registro de constrições judiciais (penhora, arresto, sequestro) ou do registro da citação de ação real ou pessoal reipersecutória, seja mediante a averbação de indisponibilidade ou de protesto contra a alienação de bens" (PAIVA).

Há quem afirme que a exigência de apresentação da certidão de feitos ajuizados obstaria o trânsito dos negócios imobiliários, desestimulando a circulação de riquezas e bens imóveis. Esta é a opinião do registrador gaúcho João Pedro Lamana Paiva, que defende que "a exigência de tais certidões restringiria o tráfego imobiliário, uma vez que em qualquer comarca do país poderá tramitar uma ação contra o vendedor, podendo repercutir sobre um imóvel do seu patrimônio".

Como contraponto a este argumento, vale lembrar que a atuação como assessor jurídico imparcial das partes permite que o notário agilize a celebração de negócios jurídicos relevantes com importante redução dos custos de transação e dos custos derivados de litígios. "A função notarial diminui significativamente a litigiosidade civil e, por conseguinte, os custos decorrentes dessa litigiosidade" (BRANDELLI, 2011, p. 102).

Outro ponto levantado pelos defensores da inexigibilidade das certidões de feitos ajuizados é a impossibilidade prática de se abranger todos os Juízos e Tribunais pátrios. Argumenta-se que a apresentação das certidões dos distribuidores cíveis e criminais, da Justiça Estadual Comum, Justiça Federal e do Trabalho, tanto do domicílio dos alienantes quanto do local do bem seriam absolutamente inconclusivas e insuficientes. Isto porque as normas de fixação de competência do Código de Processo Civil permitem que ações sejam ajuizadas nos mais diversos foros, por diversas razões.

De fato, quando da edição da Lei 7.433/1985 surgiram diversos questionamentos sobre o que se deveria entender por certidão dos feitos ajuizados.

> Que tipo de feitos? Envolvendo o adquirente ou o alienante? De que justiça? Da do local onde se situa o imóvel? Do domicílio do alienante? Por que não da Justiça do Trabalho,

onde poderia haver uma penhora? Por que não da Justiça Federal, na Capital dos Estados, onde poderia haver um ato constritivo ou, mesmo, uma desapropriação? Por que não dos Tribunais locais, onde poderia tramitar uma ação rescisória? Por que não dos Tribunais Superiores Federais em Brasília, onde também poderia haver ação rescisória? Ou, quem sabe no STF? (SILVA FILHO, 1992, p. 187).

Todos os questionamentos acima servem para a reflexão do jurista e para apontar que não haveria certeza alguma na apresentação das tais certidões de feitos ajuizados do domicílio do alienante e do local do bem, razão pela qual não haveria razão que justificasse sua apresentação.

A publicidade registrária é o meio adequado para que se gere presunção *erga omnes* de conhecimento da existência dos feitos ajuizados que podem atingir, direta ou indiretamente o imóvel. Só o ingresso generalizado no fólio real da notícia da existência de ações reais e pessoais reipersecutórias relativas a imóveis é que se terá maior segurança no trânsito imobiliário.

Tal inscrição sempre pôde se dar através do registro das citações de ações reais ou pessoais reipersecutórias nos moldes do Art. 167, I, 21, do registro das penhoras, arrestos e sequestros consoante o Art. 167, I, da averbação das decisões, recursos e seus efeitos, que tenham por objeto atos ou títulos registrados ou averbados conforme o Art. 167, II, 12, da Lei 6.015/1973 e, mais recentemente, da averbação premonitória de execuções ou cumprimentos de sentença na dicção do Art. 615-A do Código de Processo Civil.

Neste norte, a apresentação das certidões de ônus reais e ações reais pessoais reipersecutórias expedidas pelo registro de imóveis, nos termos do Decreto 93.240/198, bem como da certidão atualizada da matrícula do imóvel, seria providência bastante.

O princípio registral da concentração recomenda que se aglutinem nos lançamentos do Livro 2 – Registro Geral – tudo aquilo que se referir ao imóvel. Considerando que o ordenamento jurídico prevê instrumentos que se coadunam com as cláusulas gerais da boa-fé objetiva, tendo como destinatário toda a coletividade, deve ser estimulado o ingresso da matrícula das informações sobre a existência de procedimentos judiciais.

É neste contexto que se insere a reforma introduzida pela Medida Provisória 656, que restou convertida na Lei 13.097/2015. Ao substituir a expressão "feitos ajuizados" por "certidões de propriedade" privilegiou-se o princípio da concentração.

Vale dizer que referida Lei possui *vacatio legis* de 30 dias a contar da data da publicação (20/01/2015), especificamente em relação a esta alteração.

c) Posição Intermediária: dispensa consciente das certidões de feitos ajuizados por parte do adquirente

A partir da premissa básica de que o sistema notarial e registral foi pensado para fornecer segurança jurídica aos usuários do serviço, permite que se defenda uma posição intermediária àquelas apresentadas acima.

Ao invés de se falar em exigibilidade ou em inexigibilidade, pode-se pensar em uma situação em que o notariado do tipo latino, voltado ao assessoramento jurídico imparcial, tem o dever de informar as partes sobre as incertezas que podem decorrer do negócio jurídico que se está a celebrar.

Mais especificamente, compete ao notário orientar o adquirente dos riscos jurídicos inerentes à evicção, pois o sistema registral imobiliário brasileiro não blinda o terceiro adquirente, ainda que esteja de boa-fé.

> A proteção que o registro da aquisição da propriedade imóvel outorga ao seu adquirente é precária, não é absoluta, podendo ele vir a ser despojado do seu domínio por questões muitas vezes anteriores à sua aquisição, e que ele nem poderia sequer imaginar a sua existência, e nem tampouco detectar através do exame dos lançamento registrais e dos títulos dos seus antecessores (SILVA FILHO, 1992, p. 180).

Regina Pedroso e Milton Lamanauskas mencionam a possibilidade de dispensa pelo comprador, por sua conta e risco, das certidões de cunho pessoal previstas na Lei 7.433/1985 e no Decreto que a regulamenta. Alertam os autores que "infelizmente, por falta de informação, é muito comum que o comprador deixe de exigi-las, correndo os riscos da evicção" (PEDROSO; LAMANAUSKAS, 2013, p. 207).

Entende-se que a informação técnica que falta aos adquirentes deve ser suprida pelo Notário que está intermediando a celebração do negócio jurídico.

Leonardo Brandelli também se demonstra adepto a esta tese da dispensa consciente pelo adquirente. Senão, vejamos:

> As certidões de feitos ajuizados, exigidas pelo §2º do art. 1º da Lei 7.433/85, são as referentes a ações da Justiça Estadual comum, cíveis e criminais, e Justiça Federal comum, cíveis e criminais, e Justiça do Trabalho. Tais certidões, assim como ocorre com a certidão de tributos municipais, podem ser dispensadas pelo adquirente, o qual assume o risco da existência de ação que pode

afetar-lhe e a qual deveria conhecer mediante a apresentação de certidão dispensada (BRANDELLI, 2011, p. 386).

Vale dizer que esta posição intermediária, fundada no consentimento informado do adquirente, possui respaldo normativo em diversos Estados da Federação, tais como Acre, Bahia, Maranhão, Minas Gerais, Pernambuco, Piauí e São Paulo.

5.5 Considerações finais. A opção normativa de cada Estado. Lei 13.097/2015: uma tentativa de uniformização

Os serviços notariais e de registro exercem imprescindível função profilática nas relações sociais, prevenindo litígios e garantindo segurança jurídica aos cidadãos que buscam formalizar os atos e fatos da vida civil com um profissional do direito.

É bem verdade que ao se imiscuir em questões pontuais relativas à normatização atinente à lavratura de escrituras públicas, a carência de normatização uniforme em todo o território nacional deixa o operador do direito em situações embaraçosas. Todavia, da mesma forma que ao Juiz não é dado deixar de sentenciar por inexistência de lei, ao Tabelião não compete permanecer inerte quando provocado pelas partes.

A análise das normatizações de cada um dos vinte e seis Estados brasileiros e do Distrito Federal permitiu concluir o que se segue:

a) Três Estados (Goiás, Mato Grosso do Sul e Rio de Janeiro) e mais o Distrito Federal exigem expressamente a apresentação das certidões de feitos ajuizados quando da lavratura das escrituras públicas imobiliárias. Isto representa 14,81% das Unidades Federativas.

b) A maioria dos Estados brasileiros, em um total de quatorze, possuem consolidações normativas que silenciam sobre a apresentação das certidões de feitos ajuizados, mas que exigem expressamente a apresentação das certidões de ônus reais e ações reais e pessoais reipersecutórias expedidas pelo registro de imóveis, bem como a declaração do outorgante a respeito da existência ou não de outros ônus e ações, tudo de acordo com a literalidade do Decreto 93.240/1986. Alagoas, Amapá, Amazonas, Ceará, Espírito Santo, Mato Grosso, Pará, Paraná, Rio Grande do Norte, Rio Grande do Sul, Rondônia, Santa Catarina, Sergipe e Tocantins encontram-se neste grupo que totaliza 51,85% das Unidades Federativas.

c) Sete Estados seguem a posição intermediária fundada no consentimento informado do adquirente que teria a faculdade de dispensar a apresentação das certidões dos distribuidores judiciais. Trata-se dos Estados do Acre, Bahia, Maranhão, Minas Gerais, Pernambuco, Piauí e São Paulo, que representam 25,92% das Unidades Federativas.

d) Dois Estados, Roraima e Paraíba, ainda não possuem normas da Corregedoria Geral de Justiça que tratam do tema, totalizando 7,40% das Unidades Federativas.

Conforme se pode observar, as opções normativas são as mais diversas, o que evidencia a dispersão causada pela carência de uma normatização nacional definitiva sobre o assunto.

Neste sentido, a Lei 13.097/2015 é bem-vinda, pois demonstra uma iniciativa de padronização da questão em todo o território nacional.

Da análise do texto normativo observa-se uma nítida valorização do papel do registrador imobiliário como agente de segurança jurídica. A nova lei dispõe, em seu Art. 54, sobre o Princípio da Concentração no registro imobiliário, reforçando a ideia de obrigatoriedade dos atos registrais *lato sensu* que já constava positivada nos artigos 169[1] e 167 da Lei de Registros Públicos.

Trata-se de princípio que já existia no direito registral imobiliário, segundo o qual todas as informações pertinentes ao imóvel devem ser concentradas na matrícula para que esta represente um repositório seguro do histórico do bem e de seus proprietários.

Vejamos o texto do mencionado Art. 54 da Lei 13.097/2015:

> Seção II
> Dos Registros na Matrícula do Imóvel
> Art. 54. Os negócios jurídicos que tenham por fim constituir, transferir ou modificar direitos reais sobre imóveis são **eficazes** em relação a atos jurídicos precedentes, **nas hipóteses em que não tenham sido registradas ou averbadas na matrícula do imóvel as seguintes informações**:
> I - registro de citação de ações reais ou pessoais reipersecutórias;
> II - averbação, por solicitação do interessado, de constrição judicial, do ajuizamento de ação de execução ou de fase de cumprimento de sentença, procedendo-se nos termos previstos do art. 615-A da Lei no 5.869, de 11 de janeiro de 1973 - Código de Processo Civil;
> III - averbação de restrição administrativa ou convencional ao gozo de direitos registrados, de indisponibilidade ou de outros ônus quando previstos em lei; e

---

[1] Art. 169 - Todos os atos enumerados no art. 167 são obrigatórios e efetuar-se-ão no Cartório da situação do imóvel [...] (BRASIL, Lei 6.015).

IV - averbação, mediante decisão judicial, da existência de outro tipo de ação cujos resultados ou responsabilidade patrimonial possam reduzir seu proprietário à insolvência, nos termos do inciso II do art. 593 da Lei no 5.869, de 11 de janeiro de 1973 - Código de Processo Civil.

Basicamente, a *mens legis* é que todas as situações judiciais ou extrajudiciais que possam repercutir gerando insegurança às transações imobiliárias devem ser registradas ou averbadas na matrícula do imóvel, tornando-se cognoscíveis por qualquer interessado. A eficácia dos negócios jurídicos constitutivos, translativos ou modificativos de direitos reais imobiliários ficará assegurada quando inexistirem informações restritivas na matrícula.

A partir da publicidade registral, manifestada através do fornecimento de certidões, qualquer pessoa terá condições de melhor analisar os riscos do negócio a fim de tomar uma decisão consciente.

Neste sentido, o parágrafo único do Art. 54 da Lei 13.097/2015 busca proteger o terceiro adquirente de boa-fé, ou seja, aquele que não tinha conhecimento dos vícios que inquinavam o negócio jurídico posto que tais informações não constavam da matrícula:

> Parágrafo único. Não poderão ser opostas situações jurídicas não constantes da matrícula no Registro de Imóveis, inclusive para fins de evicção, ao terceiro de boa-fé que adquirir ou receber em garantia direitos reais sobre o imóvel, ressalvados o disposto nos art. 129 e art. 130 da Lei nº 11.101, de 9 de fevereiro de 2005[2], e as hipóteses

---

[2] Estes dispositivos legais tratam da ineficácia e da revogação de atos praticados com a intenção de prejudicar credores da massa falida.

de aquisição e extinção da propriedade que independam de registro de título de imóvel[3].

Vale destacar que o Art. 55[4] busca proteger o adquirente da unidade autônoma resultante de incorporação, de parcelamento do solo ou de condomínio de lotes. Na nova sistemática, o adquirente recebe a proteção do código de defesa do consumidor e fica a salvo da evicção ou decretação de ineficácia da aquisição por dívidas do incorporador ou do parcelador. Cabe ao credores do alienante ficarem sub-rogados no preço ou eventual crédito imobiliário.

É justamente como decorrência desta concentração das informações na matrícula, e no intuito de proteger o terceiro adquirente de boa-fé, que a Medida Provisória 656, convertida na Lei 13.097/2015, tratou de alterar a Lei 7.433/1985, excluindo de seu texto a expressão "feitos ajuizados" para fazer constar "certidões de propriedade". Isto porque quem obtiver uma certidão de propriedade, na nova sistemática, já irá ter acesso às informações sobre as ações reais ou pessoais reipersecutórias, ações de execução ou em fase de cumprimento de sentença, restrições administrativas ou convencionais, indisponibilidades e outros ônus ou ações cujos resultados possam

---

[3] *E.g.*, usucapião e transmissão *mortis causa*.

[4] Art. 55. A alienação ou oneração de unidades autônomas integrantes de incorporação imobiliária, parcelamento do solo ou condomínio de lotes de terreno urbano, devidamente registrada, não poderá ser objeto de evicção ou de decretação de ineficácia, mas eventuais credores do alienante ficam sub-rogados no preço ou no eventual crédito imobiliário, sem prejuízo das perdas e danos imputáveis ao incorporador ou empreendedor, decorrentes de seu dolo ou culpa, bem como da aplicação das disposições constantes da Lei nº 8.078, de 11 de setembro de 1990 (BRASIL, Lei 13.097).

reduzir o proprietário à insolvência. Assim, resta desnecessária a busca de certidões de distribuidores das mais variadas esferas, em comarcas espalhadas pelo vasto território nacional, posto que consoante o princípio da concentração, todas estas informações poderão ser encontradas em um único e seguro repositório: a matrícula do imóvel.

Vale registrar uma crítica à via legislativa eleita para a inovação normativa: Medida Provisória. Em que pese de relevância inegável para o mercado imobiliário, é questionável a presença do requisito constitucional formal de urgência, até mesmo porque a vigência está condicionada a *vacatio legis* instituída no Art. 55[5]. Talvez a Medida Provisória não seja o instrumento jurídico adequado, mas o conteúdo no que concerne à concentração das informações na matrícula é salutar, porquanto prestigia o dever de informação, a boa-fé objetiva e a segurança jurídica inerente ao registro imobiliário. Neste ponto o Poder Executivo andou bem.

Uma vez que a Medida Provisória restou convertida em Lei, insta apontar os prazos de *vacatio legis*, com termo inicial na data da publicação no Diário Oficial da União, qual seja, 20 de janeiro de 2015. No que concerne aos aspectos registrais imobiliários (Arts. 54 a 62), que aqui nos interessam, o interregno é de 30 dias. Assim, já está vigente a obrigatoriedade de inscrição na matrícula das novas ações, por iniciativa do credor, a quem interessa dar publicidade a situação geradora de ineficácia da transação posterior.

---

[5] Art. 55. Esta Medida Provisória entra em vigor:
I - a partir de 1º de janeiro de 2015, em relação ao art. 3º;
II - trinta dias após a sua publicação em relação aos arts. 9º a 17; e
III - a partir da data de sua publicação, em relação aos demais artigos (BRASIL, Medida Provisória 656).

Como regra de direito intertemporal, o Art. 61[6] concede "um prazo de dois anos para que os atos pretéritos sejam registrados na matrícula do imóvel, sob pena desses atos não mais constituírem elementos que possam tornar ineficaz a operação de compra e venda" (PORTAL DO RI, 2014).

Ressalte-se, ainda, que a alteração legislativa, por óbvio, ainda está sendo estudada e compreendida pelos operadores do Direito e pela sociedade. Ainda que atualmente não haja mais que se falar na exigibilidade de certidões de feitos ajuizados por força de lei, nada impede sua apresentação no interesse das partes, por prudência. Trata-se de medida inclusive recomendável, pois as ações não vão se inscrever na matrícula automaticamente do dia para a noite. De qualquer forma, permanecem válidas as reflexões propostas pelo presente artigo, posto que contribuem para a compreensão das razões que fomentaram a alteração legislativa.

A solução de casos especialmente intrincados, como é o caso da exigibilidade ou não da certidão de feitos ajuizados nas escrituras públicas imobiliárias, deve se dar através de um raciocínio jurídico baseado nos princípios notariais aplicáveis.

Se a finalidade maior de todo o sistema notarial e registral brasileiro é a segurança jurídica, é de se concluir que a interpretação da Lei 7.433/1985 consoante com o melhor direito deve ser no sentido de se exigir a apresentação das certidões de feitos ajuizados como requisitos indispensáveis à lavratura de escrituras públicas que visem à constituição, modificação ou transferência de direitos reais sobre imóveis.

---

[6] Art. 61. Os registros e averbações relativos a atos jurídicos anteriores a esta Lei, devem ser ajustados aos seus termos em até 2 (dois) anos, contados do início de sua vigência. (BRASIL, Lei 13.097)

No entanto, sempre que em matéria de direito registral imobiliário houver dois sólidos argumentos jurídicos antagônicos, a interpretação consoante o melhor direito será aquela que viabilize o ingresso do título no fólio imobiliário.

Neste sentido, mesmo antes da alteração lançada pela Medida Provisória 656, havendo normatização local específica dispensando a apresentação, não haveria razão para que se obstasse a lavratura e o registro do título.

O que os operadores do direito devem ter em mente é que o sistema notarial e registral é tão sólido quanto maior for a prudência e o zelo do Notário e do Registrador.

Implícito está, pois, o dever de assessoramento do Tabelião, que para bem exercer seu mister deve explicar às partes os riscos e consequências do negócio que está a formalizar juridicamente, fazendo tudo constar do corpo do ato notarial.

Estas são as razões pelas quais se conclui pela imprescindibilidade de uma atuação profilática do Notariado. Como agentes de orientação e assessoramento das partes, os Tabeliães contribuem para que as partes celebrem seus negócios jurídicos cientes dos riscos envolvidos e das medidas disponíveis para minorar, e quiçá excluir, a possibilidade de problemas supervenientes.

Referências

ACRE. Poder Judiciário. Tribunal de Justiça. Corregedoria Geral da Justiça. Consolidação Normativa Notarial e Registral: criada pelo Provimento 02 de 30 de janeiro de 2013. Rio Branco: CGJ/AC, 2013. Disponível em: <http://irib.org.br/arquivos/biblioteca/Codigo_de_Normas_TJ_AC.pdf>. Acesso em 07 dez 2013.

ALAGOAS. Poder Judiciário. Tribunal de Justiça. Corregedoria Geral da Justiça. Provimento 02, de 10 de fevereiro de 2007: Institui as normas a serem observadas para a lavratura de escrituras públicas de separação, divórcio, inventário e partilha. Maceió: CGJ/AL, 2007. Disponível em: <http://www.tjal.jus.br/corregedoria/verProvimento.php?codProv=169>. Acesso em: 07 dez 2013.

AMAPÁ. Poder Judiciário. Tribunal de Justiça. Corregedoria Geral da Justiça. Código de Normas do Estado do Amapá: criado pelo Provimento 112, de 24 de março de 2003. Macapá: CGJ/AP, 2003. Disponível em: <http://irib.org.br/arquivos/biblioteca/Cdigo_de_Normas_TJ_AP.pdf>. Acesso em: 07 dez 2013.

AMAZONAS. Poder Judiciário. Tribunal de Justiça. Corregedoria Geral da Justiça. Código de Normas da Corregedoria Geral de Justiça do Estado do Amazonas: criado pelo Provimento 41 de 27 de março de 2000. Manaus: CGJ/AM, 2000. Disponível em: <http://irib.org.br/arquivos/biblioteca/Cdigo_de_Normas_TJ_AM.pdf>. Acesso em: 07 dez 2013.

BAHIA. Poder Judiciário. Tribunal de Justiça. Corregedoria Geral da Justiça. Código de Normas e Procedimentos dos Serviços Notariais e de Registro do Estado da Bahia: criado pelo Provimento Conjunto CGJ/CCI nº 003, de 12 de agosto de 2013. Salvador: CJ/BA. 2013. Disponível em: <http://irib.org.br/arquivos/biblioteca/Cdigo_de_Normas_TJ_BA.pdf>. Acesso em 09 dez 2013.

BRANDELLI, Leonardo. Teoria Geral do Direito Notarial. São Paulo: Saraiva, 2011.

BRASIL. Conselho Nacional de Justiça. Recomendação nº 3 de 15 de março de 2012. Disponível em: <http://www.cnj.jus.br/images/stories/docs_corregedoria/recomendacoes/recomenda%C3%A7%C3%A3o_03.pdf>. Acesso em 01 dez 2013.

BRASIL. Constituição da República Federativa do Brasil de 5 de outubro de 1988. Disponível em: <http://www.planalto.gov.br/ccivil_03/constituicao/constitui% C3%A7ao.htm>. Acesso em 21 abr 2013.

BRASIL. Decreto 93.240, de 9 de setembro de 1986. Regulamenta a Lei nº 7.433, de 18 de dezembro de 1985, que "dispõe sobre os requisitos para a lavratura de escrituras públicas, e dá outras providências". Disponível em: < http://www.planalto.gov.br/ccivil_03/decreto/Antigos/D93240.htm>. Acesso em 04 dez 2013.

BRASIL. Decreto-Lei 5.452, de 1º de maio de 1943. Aprova a Consolidação das Leis do Trabalho. Disponível em: <http://www.planalto.gov.br/ccivil_03/decreto-lei/del5452.htm>. Acesso em 04 dez 2013.

BRASIL. Lei 5.869, de 11 de janeiro de 1973. Institui o Código de Processo Civil. Disponível em: < http://www.planalto.gov.br/ccivil_03/leis/l5869compilada.htm>. Acesso em 21 out 2013.

BRASIL. Lei 6.015, de 31 de dezembro de 1973. Dispõe sobre os Registros Públicos e dá outras providências. Disponível em: <http://www.planalto.gov.br/ccivil_03/leis/L6015.htm>. Acesso em 21 out 2013.

BRASIL. Lei 7.433, de 18 de dezembro de 1985. Dispõe sobre os requisitos para a lavratura de escrituras públicas e dá outras providências. Disponível em: <http://www.planalto.gov.br/ccivil_03/leis/l7433.htm>. Acesso em 21 out 2014.

BRASIL. Lei 13.097, de 19 de janeiro de 2015. Altera a Lei 7.433, de 18 de dezembro de 1985 entre outras providências. Disponível em: <http://www.planalto.gov.br/ccivil_03/_Ato2015-2018/2015/Lei/L13097.htm>. Acesso em 23 mar 2015.

BRASIL. Medida Provisória nº 656, de 7 de outubro de 2014. Reduz a zero as alíquotas da Contribuição para o PIS/PASEP, da COFINS, da Contribuição para o PIS/Pasep-Importação e da Cofins-Importação incidentes sobre a receita de vendas e na importação de partes utilizadas em aerogeradores, prorroga benefícios, altera o art. 46 da Lei nº 12.715, de 17 de setembro de 2012, que dispõe sobre a devolução ao exterior ou a destruição de mercadoria estrangeira cuja importação não seja autorizada, e dá outras providências. Disponível em: <http://

www.planalto.gov.br/CCIVIL_03/_Ato2011-2014/2014/Mpv/mpv656.htm>. Acesso em 08 out 2014.

BRASIL. Superior Tribunal de Justiça. Recurso em Mandado de Segurança nº 27.358/RJ. Relatora: Min. Nancy Andrighi. Julgamento em 05-10-2010. Disponível em: <https://ww2.stj.jus.br/revistaeletronica/Abre_Documento.asp?sLink=ATC&sSeq=12361998&sReg=200801597013&sData=20101025&sTipo=5&formato=PDF>. Acesso em 02 dez 2013.

CEARÁ. Poder Judiciário. Tribunal de Justiça. Corregedoria Geral da Justiça. Consolidação Normativa Notarial e Registral no Estado do Ceará: criada pelo Provimento nº 06-CGJ, de 03 de dezembro de 2010. Fortaleza: CGJ/CE, 2010. Disponível em: <http://irib.org.br/arquivos/biblioteca/Cdigo_de_Normas_TJ_CE.pdf>. Acesso em: 09 dez 2013.

CENEVIVA, Walter. Lei dos Registros Públicos Comentada. 20.ed. São Paulo: Saraiva, 2010.

CHAVES, Carlos Fernando Brasil; REZENDE, Afonso Ceso. Tabelionato de Notas e o Notário Perfeito. Campinas: Millennium, 2011.

COSTA, Amanda Bez Corrêa. Responsabilidade Civil do Tabelião na lavratura de escritura pública de compra e venda de imóvel em relação à dispensa da certidão de feitos ajuizados no Estado de Santa Catarina. Tubarão: Unisul, 2009. Disponível em: <http://busca.unisul.br/pdf/97318_Amanda.pdf>. Acesso em: 09 dez 2013.

DISTRITO FEDERAL. Poder Judiciário. Tribunal de Justiça. Corregedoria Geral da Justiça. Provimento geral da Corregedoria de Justiça do Distrito Federal aplicado aos serviços notariais e de registro: veiculado pela Portaria 90, de 29 de dezembro de 2008. Brasília: CFG/DFT, 2008. Disponível em: <http://irib.org.br/arquivos/biblioteca/Cdigo_de_Normas_TJ_DF.pdf>. Acesso em 09 dez 2013.

ESPÍRITO SANTO. Poder Judiciário. Tribunal de Justiça. Corregedoria Geral da Justiça. Revisão do Código de Normas da Corregedoria Geral da Justiça: criada pelo Provimento nº 29, de 09 de dezembro de 2009. Vitória: CGJ/ES, 2009. Disponível em: <http://irib.org.br/arquivos/biblioteca/Cdigo_de_Normas_TJ_ES.pdf>. Acesso em 09 dez 2013.

GOIÁS. Poder Judiciário. Tribunal de Justiça. Corregedoria Geral da Justiça. Consolidação das normas da Corregedoria-Geral da Justiça: criada pelo Provimento nº 08, de 26 de dezembro de 2013. Goiania: CGJ/GO, 2013. Disponível em: <http://irib.org.br/arquivos/biblioteca/Cdigo_de_Normas_TJ_GO.pdf>. Acesso em 09 dez 2013.

JACOMINO, Sérgio. CGJ – Normas Estaduais. Disponível em: <http://arisp.wordpress.com/cgj-normas-estaduais/>. Acesso em 21 nov 2013.

KOLLET, Ricardo Guimarães. Manual do Tabelião de Notas para Concursos e Profissionais. Rio de Janeiro: Forense, 2008.

MARANHÃO. Poder Judiciário. Tribunal de Justiça. Corregedoria Geral da Justiça. Código de Normas da Corregedoria Geral da Justiça do Maranhão: criado pelo Provimento nº 11, de 8 de outubro de 2013. São Luís: CGJ/MA, 2013. Disponível em: <http://gerenciador.tjma.jus.br/app/webroot/files/publicacao/9289/codigonormas18out2013_18102013_1049.pdf>. Acesso em 09 dez 2013.

MATO GROSSO. Poder Judiciário. Tribunal de Justiça. Corregedoria Geral da Justiça. 2ª Edição da Consolidação das Normas Gerais da Corregedoria-Geral da Justiça do Estado de Mato Grosso: criada pelo Provimento 01, de 03 de janeiro de 2007. Cuiabá: CGJ/MT, 2007. Disponível em: <http://www.tjmt.jus.br/intranet.arq/cms/grupopaginas/97/921/Provimento_2007_01.pdf>. Acesso em 09 dez 2013.

MATO GROSSO DO SUL. Poder Judiciário. Tribunal de Justiça. Corregedoria Geral da Justiça. Código de Normas da Corregedoria-

-Geral de Justiça do Estado de Mato Grosso do Sul: criado pelo Provimento 01, de 27 de janeiro de 2003. Campo Grande: CGJ/MS, 2003. Disponível em: <http://irib.org.br/arquivos/biblioteca/Cdigo_de_Normas_TJ_MS.pdf>. Acesso em 09 dez 2013.

MINAS GERAIS. Poder Judiciário. Tribunal de Justiça. Corregedoria Geral da Justiça. Codificação dos atos normativos da Corregedoria-Geral de Justiça do Estado de Minas Gerais relativos aos serviços notariais e de registro: criada pelo Provimento nº 260/CGJ de 30 de outubro de 2013. Belo Horizonte: CGJ/MG, 2013. Disponível em: <http://www.tjmg.jus.br/data/files.pdf>. Acesso em 06 dez 2013.

MUSCARI, Marco Antonio Botto. Presunção de má-fé nas transações imobiliárias. Boletim Eletrônico do IRIB: 2007. Disponível em: <http://www.irib.org.br/html/boletim/boletim-detalhe.php?be=797>. Acesso em 06 dez 2013.

PAIVA, João Pedro Lamana. Certidão de Feitos Ajuizados. Disponível em: <http://registrodeimoveis1zona.com.br/?p=239>. Acesso em 06 dez 2013.

PARÁ. Poder Judiciário. Tribunal de Justiça. Corregedoria Geral da Justiça. Código de Normas dos Serviços Notariais e de Registro de Imóveis do Estado do Pará: criado pelo Provimento Conjunto nº 9/2010 – CJRMB/CJCI. Belém: CJRMB/CJCI/PA, 2010. Disponível em: <http://irib.org.br/arquivos/biblioteca/Cdigo_de_Normas_TJ_PA.pdf >. Acesso em 05 dez 2013.

PARANÁ. Poder Judiciário. Tribunal de Justiça. Corregedoria Geral da Justiça. Código de Normas da Corregedoria-Geral de Justiça do Estado do Paraná (antigo): Atualizado em 28 nov 2013, com vigência até 15 dez 2013. Curitiba: CGJ/PR, 2013. Disponível em: <http://www.tjpr.jus.br/codigo-de-normas>. Acesso em 05 dez 2013.

PARANÁ. Poder Judiciário. Tribunal de Justiça. Corregedoria Geral da Justiça. Código de Normas da Corregedoria-Geral de Justiça do

Estado do Paraná (novo): criado pelo Provimento nº 249 de 15 de outubro de 2013. Curitiba: CGJ/PR, 2013. Disponível em: <http://www.tjpr.jus.br/documents/11900/73a21234-7f9c-4784-b063-4dd5c6d63053>. Acesso em 05 dez 2013.

PASSOS, Josué Modesto. A arrematação no registro de imóveis: continuidade do registro e natureza da aquisição. São Paulo: Editora Revista dos Tribunais, 2014.

PEDROSO, Regina; LAMANAUSKAS, Milton Fernando. Direito Notarial e Registral. Rio de Janeiro: Elsevier: Campus, 2013.

PERNAMBUCO. Poder Judiciário. Tribunal de Justiça. Corregedoria Geral da Justiça. Código de Normas dos Serviços Notariais e de Registro do Estado de Pernambuco: criado pelo Provimento nº 20, de 20 de novembro de 2009. Recife: CGJ/PE, 2019. Disponível em: <http://irib.org.br/arquivos/biblioteca/Cdigo_de_Normas_TJ_PE.pdf>. Acesso em 05 dez 2013.

PIAUÍ. Poder Judiciário. Tribunal de Justiça. Corregedoria Geral da Justiça. Código de Normas e Procedimentos dos Serviços Notariais e de Registro do Estado do Piauí: criado pelo Provimento nº 09, de 17 de abril de 2013. Teresina: CGJ/PI, 2013. Disponível em: <http://irib.org.br/arquivos/biblioteca/Cdigo_de_Normas_TJ_PI.pdf>. Acesso em 05 dez 2013.

PORTAL DO RI. Governo edita Medida Provisória que trata da concentração dos atos na matrícula do imóvel. Disponível em: <http://www.portaldori.com.br/2014/10/09 >. Acesso em 10 out 2014.

RIO DE JANEIRO. Poder Judiciário. Tribunal de Justiça. Corregedoria Geral da Justiça. Aviso 69 de 09 de agosto de 2010. Avisa que a expedição de certidões de feitos judiciais pelos Distribuidores Oficializados deste Estado será gratuita a partir da expedição deste Aviso. Disponível em: <http://webfarm.tjrj.jus.br/biblioteca/index.html>. Acesso em 09 dez 2013.

RIO DE JANEIRO. Poder Judiciário. Tribunal de Justiça. Corregedoria Geral da Justiça. Consolidação Normativa Parte Extrajudicial. Rio de Janeiro: CGJ/RJ, 2013. Disponível em: <http://irib.org.br/arquivos/biblioteca/Cdigo_de_Normas_TJ_RJ.pdf>. Acesso em 09 dez 2013.

RIO GRANDE DO NORTE. Poder Judiciário. Tribunal de Justiça. Corregedoria Geral da Justiça. Código de Normas do Estado do Rio Grande do Norte, de 18 de dezembro de 2012. Natal: CGJ/RN, 2012. Disponível em: <http://irib.org.br/arquivos/biblioteca/Cdigo_de_Normas_TJ_RN.pdf>. Acesso em 09 dez 2013.

RONDÔNIA. Poder Judiciário. Tribunal de Justiça. Corregedoria Geral da Justiça. Diretrizes Extrajudiciais. Porto Velho: CGJ/RO, 2012. Disponível em: <http://irib.org.br/arquivos/biblioteca/Cdigo_de_Normas_TJ_RO.pdf>. Acesso em 09 dez 2013.

RORAIMA. Poder Judiciário. Tribunal de Justiça. Corregedoria Geral da Justiça. Código de Normas do Estado de Roraima. Boa Vista: CGJ/RR, 2012. Disponível em: <http://irib.org.br/arquivos/biblioteca/Cdigo_de_Normas_TJ_RR.pdf>. Acesso em 09 dez 2013.

SANTA CATARINA. Poder Judiciário. Tribunal de Justiça. Corregedoria Geral da Justiça. Código de Normas da Corregedoria Geral da Justiça do Estado de Santa Catarina: atualizado pelo Provimento 07, de 17 de setembro de 2013. Florianópolis: CGJ/SC, 2013. Disponível em: <http://cgj.tjsc.jus.br/consultas/liberada/cncgj.pdf>. Acesso em 09 nov 2013.

SÃO PAULO. Poder Judiciário. Tribunal de Justiça. Corregedoria Geral da Justiça. Normas de Serviço – Cartórios Extrajudiciais – Tomo II: instituído pelo Provimento 58, de 28 de novembro de 1989. São Paulo: CGJ/SP, 1989. Disponível em: <http://www.tjsp.jus.br/Download/Corregedoria/NormasExtrajudiciais/NSCGJTomoII.pdf>. Acesso em 09 nov 2013.

SÃO PAULO. Poder Judiciário. Tribunal de Justiça. Corregedoria Geral da Justiça. Parecer 122/2007 E – Processo CG 2004/2007. São

Paulo: CG/ 2007. Disponível em: <https://www.extrajudicial.tj.sp.gov.br/pexPtl/visualizarDetalhesPublicacao.do?cdTipopublicacao=5&nuSeqpublicacao=114>. Acesso em 09 nov 2013.

SERGIPE. Poder Judiciário. Tribunal de Justiça. Corregedoria Geral da Justiça. Consolidação Normativa Notarial e Registral do Estado de Sergipe: instituída pelo Provimento nº 23, de 01 de dezembro de 2008. Aracaju: CGJ/SE, 2013. Disponível em: <http://irib.org.br/arquivos/biblioteca/Cdigo_de_Normas_TJ_SE.pdf>. Acesso em 10 dez 2013.

SILVA FILHO, Elvino. A insegura proteção registral nos negócios imobiliários no Brasil. 1992. *In:* DIP, Ricardo; JACOMINO, Sérgio. Registro Imobiliário: temas atuais (Coleção Doutrinas essenciais: direito registral, v. 2). São Paulo: Editora Revista dos Tribunais, 2012.

TOCANTINS. Poder Judiciário. Tribunal de Justiça. Corregedoria Geral da Justiça. Manual de Normas de Serviço Notarial e Registral do Estado do Tocantins: criado pelo Provimento nº 2, de 24 de janeiro de 2013. Palmas: CGJ/TO, 2013. Disponível em: <http://irib.org.br/arquivos/biblioteca/Cdigo_de_Normas_TJ_TO.pdf>. Acesso em 10 dez 2013.

ZIEBARTH, Luciano Santhiago. A impossibilidade de dispensa da certidão de feitos ajuizados nas escrituras públicas. Jus Navigandi, Teresina, ano 12, n. 1589, 7 nov. 2007 . Disponível em: <http://jus.com.br/artigos/10623>. Acesso em:5 dez. 2013.

6}

VIAS PÚBLICAS: ASPECTOS REGISTRAIS IMOBILIÁRIOS

GABRIELA LUCENA ANDREAZZA
OAB/SC 26.219
Especialista em Direito Notarial e Registros Públicos, Direito Constitucional,
Direito Registral Imobiliário com ênfase em Direito Notarial, Novo Direito Civil e
Processo Civil, Direito Tributário, e Administração Pública e Gerência de Cidades
Integrante da Comissão de Direito Notarial e Registros Públicos da OAB/SC
Professora Universitária
Advogada

Para meus avós João Luiz e Magaly Lucena,
por terem me dado uma família
tão grande e cheia de afeto.

6.1 Introdução

O presente artigo pretende investigar, sob o enfoque registral imobiliário, a situação jurídica das vias públicas e dos imóveis por elas cortados.

Para tanto, considerações serão tecidas sobre o Direito Urbanístico e a necessidade de se planejar a malha viária para que os munícipes possuam condições dignas de exercer seu direito de locomoção.

Na sequência, serão arroladas diversas formas de constituição jurídica de uma via pública.

A análise adentrará em aspectos registrais propriamente ditos, tais como a transição do sistema da ordem cronológica em folha coletiva que vigorava sob a égide do Decreto 4.857/1939 para o sistema do fólio real, ou matrícula, instituído pela Lei 6.015/1973, inspirado no princípio da unitariedade matricial.

Por fim, o procedimento de retificação administrativa envolvendo a adequação da descrição objetiva de imóveis cortados por vias públicas e a demarcação das próprias vias públicas por iniciativa da municipalidade serão objeto de considerações.

6.2 O Direito Urbanístico e o Planejamento da Malha Viária

Em um mundo ideal as cidades são planejadas, os núcleos habitacionais se constituem a partir de loteamentos e desmembramentos devidamente registrados, os indicadores urbanísticos são respeitados e a ocupação do solo é ordenada de forma a assegurar a dignidade de seus habitantes. Trata-se de diretriz constitucional expressa:

> Art. 182. A política de desenvolvimento urbano, executada pelo Poder Público municipal, conforme diretrizes gerais fixadas em lei, tem por objetivo ordenar o pleno desenvolvimento das funções sociais da cidade e garantir o bem- estar de seus habitantes (BRASIL, Constituição).

Todavia, infelizmente no mundo real as cidades são conglomerados com crescimento desordenado, ao arrepio da Lei de Parcelamento de Solo Urbano, sem planejamento nem respeito às normas de proteção ambiental e urbanística.

Não sem razão, Amauri Chaves Arfelli afirma que "*o ordenamento urbano atualmente apresenta-se como uma das maiores preocupações e desafios diante do fenômeno da urbanização verificado nestas últimas décadas*" (2004, p. 489).

Com fundamento na dignidade da pessoa humana, a Constituição da República de 1988 garante a livre locomoção no território nacional em tempo de paz (Art. 5º, XV). Entretanto, quem vive em médias e grandes cidades brasileiras perde tempo precioso na tentativa de se locomover de um ponto a outro. Os problemas de mobilidade urbana possuem múltiplas e complexas causas, mas certamente entre elas encontra-se a falta de planejamento da malha viária e o crescimento desordenado dos núcleos urbanos.

A proteção jurídica ao meio ambiente extrapola o cuidado com os bens naturais, componentes da biosfera, para atingir o meio ambiente artificial, composto pelo espaço urbano construído pelo homem.

> A organização do espaço urbano fechado e aberto, visando a realização da qualidade de vida humana ou o bem-estar coletivo, é objeto do urbanismo. Desta forma, a atividade urbanística a ser executada pelos municípios, consistente na intervenção do poder público com o objetivo de ordenar os espaços habitáveis deve ser buscada através de normas de restrição urbanística, de planejamento e de execução de obras públicas, para o desempenho de forma harmônica e progressiva as funções urbanas elementares: habitação, trabalho, recreação do

corpo e do espírito e **circulação no espaço urbano**. (ARFELLI, 2004, p. 793, grifo nosso).

Neste norte, o Direito deve se ocupar de normatizar a criação das vias públicas, posto que estes bens de uso comum do povo tem impacto direto na vida das pessoas.

As ruas e rodovias são os exemplos clássicos trazidos pelos doutrinadores de direito administrativo de bens públicos de uso comum do povo. Tratam-se daqueles bens que *"por lei ou em face de sua natureza, são destinados ao uso da coletividade, sem distinção de usuários, limitação de horários e remuneração"* (BALTAR, 2011, p. 403).

No ato de aprovação de novos loteamentos, compete à autoridade urbanística municipal aferir se o traçado proposto para as vias públicas resultantes do parcelamento se integra de maneira harmônica à malha viária da cidade, contribuindo (ou não) para o seu crescimento ordenado.

Eduardo Augusto ensina que a maioria das estradas e vias públicas hoje existentes foram abertas pelos próprios titulares dos imóveis, na modalidade de servidões, para servir poucos imóveis dominantes. Com o tempo, os efetivos usuários desta passagem foram aumento e se indeterminando, até o ponto em que o caminho *"deixou de ser exclusivo de uns poucos, passando a ser direito de ir-e-vir de toda a sociedade. Esta é a verdadeira origem de quase todas as estradas municipais existentes no Brasil. Estradas criadas pelo povo para servir o próprio povo"* (2013, p. 364).

6.3 Diferentes Formas de Surgimento da Via Pública

Neste tópico, sem pretensão de esgotar o tema, serão arroladas algumas modalidades jurídicas de surgimento de vias públicas.

6.3.1 Registro de Loteamento nos Termos da Lei 6.766/1979

O Direito Registral Imobiliário e o Direito Urbanístico são dotados de diversos instrumentos para facilitar a ordenação do solo e viabilizar o bem-estar da população que nele se fixa.

Neste norte, a Lei 6.766/1979 trata do parcelamento do solo urbano. A norma prevê duas modalidades essenciais de parcelamento: o desmembramento (Art. 2º, § 2º[1]) e o loteamento (Art. 2º, § 1º[2]). Vale esclarecer que existem diferenças entre os institutos, a saber:

> [...] embora se destinem ambos à edificação, o loteamento se faz *fora* do sistema viário da cidade e o desmembramento *dentro* deste sistema (art. 2º). Noutras palavras, o loteamento tende à futura *urbanização* da gleba e envolve a transferência gratuita de parte desta ao Município para logradouros, ao passo que o desmembramento subentende no local a existência presente de urbanização e de logradouros (CARVALHO, 1981, p. 774).

Na modalidade de loteamento, portanto, haverá a abertura de novas vias de circulação, de logradouros públicos ou

---

[1] Art. 2º [...] § 2º- Considera-se desmembramento a subdivisão de gleba em lotes destinados a edificação, com aproveitamento do sistema viário existente, desde que não implique na abertura de novas vias e logradouros públicos, nem no prolongamento, modificação ou ampliação dos já existentes (BRASIL, Lei 6.766/1979).

[2] Art. 2º [...] § 1º - Considera-se loteamento a subdivisão de gleba em lotes destinados a edificação, com abertura de novas vias de circulação, de logradouros públicos ou prolongamento, modificação ou ampliação das vias existentes (BRASIL, Lei 6.766/1979).

prolongamento, modificação ou ampliação das vias existentes. Neste caso, Lei Municipal preverá a percentagem mínima da área loteada que será, por ocasião do ato de registro do loteamento, destinada ao Poder Público para a formação de logradouros públicos.

Vale dizer que a expressão 'logradouros públicos' deve ser interpretada de maneira ampla para abarcar "*ruas, avenidas, alamedas, espaços livros públicos, praças, cul-de-sac, largos, travessas, becos, jardins, ladeiras, parques, viadutos, pontes, galerias, rodovias etc*" (SAMBURGO; TAMISO; FREITAS, 1999, p. 840).

O registrador imobiliário exerce importante papel de profilaxia jurídica ao atuar como agente público *lato senso* responsável por fiscalizar os aspectos jurídicos que acarretam a regularidade de um parcelamento de solo.

Dentre os diversos requisitos a serem analisados quando da qualificação registral de um loteamento encontra-se a abertura de novas vias de circulação:

> Ao subdividir a gleba em lotes, o parcelador urbano não poderá, simplesmente, programar o fracionamento mediante o traçado de linhas hipotéticas, sem que, ao mesmo tempo, abra as vias de circulação interna, que facultem indistinto acesso de todos os adquirentes aos lotes. As vias de acesso devem propiciar aos adquirentes dos lotes a utilização de meios físicos para chegar às suas propriedades, posteriormente, **incorporar-se-ão ao patrimônio público municipal, por ocasião do registro do loteamento no Cartório de Imóveis competente** (DINI; DINIZ, 2000, p. 861, grifo nosso).

Desta forma, em que pese discussões doutrinárias a respeito do marco temporal, a Lei de Parcelamento de Solo foi clara e confiou na aptidão acautelatória do registrador ao fixar o ato de registro do parcelamento como o marco da transferência das áreas privadas para o patrimônio do Município. É neste sentido que dispõe o Art. 22 da Lei 6.766/1979:

> Art. 22. **Desde a data de registro do loteamento, passam a integrar o domínio do Município as vias** e praças, os espaços livres e as áreas destinadas a edifícios públicos e outros equipamentos urbanos, constantes do projeto e do memorial descritivo (BRASIL, Lei 6.766/1979, sem grifos no original).

A doutrina aponta para uma transmudação de parte da propriedade privada para o domínio público decorrente da formação de um "concurso voluntário". Trata-se de situação provocada pela vontade do particular que postula a aprovação de projeto de parcelamento contendo espaço destinado ao sistema de circulação. O Município, através do ato de aprovação, aceita a transferência ao seu domínio de tais parcelas. Daí porque se fala em uma soma de vontades, ou seja, um concurso voluntário (SAMBURGO; TAMISO; FREITAS, 1999).

Uma primeira forma de nascimento de uma via pública, e a mais adequada ao crescimento juridicamente ordenado da cidade, portanto, é a transferência gratuita ao Poder Público decorrente do registro de projeto de parcelamento de solo aprovado na matrícula da área loteada.

6.3.2 Regularização de loteamento implantado e não registrado, por iniciativa do Município

Quando, por desídia do loteador, por qualificação registral negativa, ou qualquer outra razão, o parcelamento implantado de fato não possuir o correspondente registro no ofício imobiliário, o Município poderá tomar providências para regularizar a transferência das vias públicas para o seu domínio.

É o que prevê o parágrafo único do Art. 22 da Lei de Parcelamento de Solo, incluído pela Lei 12.424/2011:

> Parágrafo único. Na hipótese de **parcelamento do solo implantado e não registrado**, o Município poderá requerer, por meio da apresentação de planta de parcelamento elaborada pelo loteador ou aprovada pelo Município e de declaração de que o parcelamento se encontra implantado, o **registro das áreas destinadas a uso público**, que passarão dessa forma a integrar o seu domínio. (BRASIL, Lei 6.766/1979, grifo nosso)

Ainda que estas áreas destinadas ao uso comum estejam inseridas em loteamentos ilegais, o Município apresentará ao Ofício do Registro de Imóveis competente a planta a aprovada do loteamento e a declaração de que o mesmo já se encontra implantado.

Para Fernanda Cardoso, a providência viabiliza que o município regularize o seu domínio sobre as vias públicas decorrentes de parcelamentos irregulares para legitimar o investimento de verba pública no local. "*O registro em favor do Poder Público possibilita a atuação estatal sem a caracterização de desapropriação indireta, muitas vezes alegada pelo proprietário do loteamento ilegal*" (CARDOSO, 2014, p. 61).

Em outro norte, o interesse da Municipalidade de ver titulada a área de um imóvel público decorrente de parcelamento do solo urbano, ainda que irregular, pode ser acolhido pelo registro imobiliário. Isto porque desde 2011 a Lei 12.424/2011 inseriu o Art. 195-A na Lei de Registros Públicos. O dispositivo em comento possui redação que em muito lembra o procedimento de retificação administrativa de maior complexidade do Art. 213, II da mesma Lei. Vejamos o novel artigo:

> Art. 195-A. O Município poderá solicitar ao registro de imóveis competente a **abertura de matrícula** de parte ou da totalidade **de imóveis públicos oriundos de parcelamento do solo urbano, ainda que não inscrito ou registrado**, por meio de requerimento acompanhado dos seguintes documentos: (Incluído pela Lei nº 12.424, de 2011)
> I - **planta e memorial descritivo** do imóvel público a ser matriculado, dos quais constem a sua descrição, com medidas perimetrais, área total, localização, confrontantes e coordenadas preferencialmente georreferenciadas dos vértices definidores de seus limites; (Incluído pela Lei nº 12.424, de 2011)
> II - comprovação de **intimação dos confrontantes** para que informem, no prazo de 15 (quinze) dias, se os limites definidos na planta e no memorial descritivo do imóvel público a ser matriculado se sobrepõem às suas respectivas áreas, se for o caso; (Incluído pela Lei nº 12.424, de 2011)
> III - as **respostas à intimação** prevista no inciso II, quando houver; e (Incluído pela Lei nº 12.424, de 2011)
> IV - **planta de parcelamento** assinada pelo loteador ou aprovada pela prefeitura, acompanhada de declaração de que o parcelamento se encontra implantado, na hipótese deste não ter sido inscrito ou registrado. (Incluído pela Lei nº 12.424, de 2011)
> § 1º Apresentados pelo Município os documentos relacionados no caput, o registro de imóveis deverá proceder ao registro dos imóveis públicos decorrentes do parcelamento do solo urbano na matrícula ou transcrição

da gleba objeto de parcelamento. (Incluído pela Lei nº 12.424, de 2011)

§ 2º Na abertura de matrícula de imóvel público oriundo de parcelamento do solo urbano, havendo divergência nas medidas perimetrais de que resulte, ou não, alteração de área, a situação de fato implantada do bem deverá prevalecer sobre a situação constante do registro ou da planta de parcelamento, respeitados os limites dos particulares lindeiros. (Incluído pela Lei nº 12.424, de 2011)

§ 3º Não será exigido, para transferência de domínio, formalização da doação de áreas públicas pelo loteador nos casos de parcelamentos urbanos realizados na vigência do Decreto-Lei nº 58, de 10 de dezembro de 1937. (Incluído pela Lei nº 12.424, de 2011)

§ 4º Recebido o requerimento e verificado o atendimento aos requisitos previstos neste artigo, **o oficial do registro de imóveis abrirá a matrícula em nome do Município**. (Incluído pela Lei nº 12.424, de 2011)

§ 5º A abertura de matrícula de que trata o caput independe do regime jurídico do bem público (BRASIL, Lei 6.015/1973, grifo nosso).

Note-se que, tal como já ocorre na retificação administrativa do Art. 213, II, na abertura de matrícula de bem público do Art. 195-A haverá a apresentação de um documento técnico (inciso I) contendo a descrição precisa do imóvel, em observância aos princípios da especialidade objetiva e unitariedade matricial. Ademais, os confrontantes serão intimados para que manifestem anuência ou contrariedade às medidas perimetrais apontadas (incisos II e III). O procedimento difere da retificação tradicional ao exigir a apresentação da planta do parcelamento com declaração de que o mesmo se encontra implantado de fato, apesar de não necessariamente ter sido registrado.

6.3.3 Desapropriação regularmente promovida pelo ente público

Outra maneira de se transferir uma área, inicialmente integrante de um imóvel particular, para constituir bem de uso comum do povo é a desapropriação promovida regularmente pelo ente público.

> A desapropriação é uma modalidade de intervenção estatal na propriedade que se dá de forma radical, pois ela afeta o direito de propriedade em sua substância. Com a desapropriação, suprime-se o direito de propriedade do particular. A desapropriação é, portanto, uma forma de intervenção supressiva (TORRES, 2011, p. 430).

A Constituição prevê que a desapropriação dar-se-á por necessidade ou utilidade pública, ou por interesse social. Nestas hipóteses, o Estado intervém na propriedade privada expropriando-a e convertendo-a compulsoriamente em bem público, mediante o pagamento de indenização. Existem ainda as desapropriações sancionatórias, que se subdividem em desapropriação para a reforma urbana (Art. 182, §4º[3]), para

---

[3] § 4º - É facultado ao Poder Público municipal, mediante lei específica para área incluída no plano diretor, exigir, nos termos da lei federal, do proprietário do solo urbano não edificado, subutilizado ou não utilizado, que promova seu adequado aproveitamento, sob pena, sucessivamente, de:
I - parcelamento ou edificação compulsórios;
II - imposto sobre a propriedade predial e territorial urbana progressivo no tempo;
III - desapropriação com pagamento mediante títulos da dívida pública de emissão previamente aprovada pelo Senado Federal, com prazo de resgate de até dez anos, em parcelas anuais, iguais e sucessivas, assegurados o valor real da indenização e os juros legais.

fins de reforma agrária (Art. 184[4]) e a expropriação por cultivo de plantas psicotrópicas ou exploração de trabalho escravo (Art. 243[5]), esta última introduzida no ordenamento pela Emenda Constitucional nº 81 de 2014. Nas desapropriações para reforma urbana e agrária a indenização não será prévia e em dinheiro, mas sim, respectivamente, em títulos da dívida pública e da dívida agrária. Já nas desapropriações confisco do Art. 243 não haverá qualquer indenização, dado o caráter sancionatório da conduta.

No que concerne aos objetivos deste artigo, admite-se a desapropriação por utilidade pública para que o poder público retire da esfera de ingerência do particular uma porção de terra que será destinada a constituir uma via pública, bem de uso comum do povo. Tratar-se-ia de utilidade pública, porquanto *"relacionada a uma situação vantajosa para o interesse coletivo, mas não urgente"* (TORRES, 2011, p. 435).

De fato, a desapropriação para a abertura de nova via pública está prevista no Art. 5º, *i*, do Decreto-lei 3.365/1941, que traz esta situação entre o rol das desapropriações por utilidade pública:

---

[4] Art. 184. Compete à União desapropriar por interesse social, para fins de reforma agrária, o imóvel rural que não esteja cumprindo sua função social, mediante prévia e justa indenização em títulos da dívida agrária, com cláusula de preservação do valor real, resgatáveis no prazo de até vinte anos, a partir do segundo ano de sua emissão, e cuja utilização será definida em lei.

[5] Art. 243. As propriedades rurais e urbanas de qualquer região do País onde forem localizadas culturas ilegais de plantas psicotrópicas ou a exploração de trabalho escravo na forma da lei serão expropriadas e destinadas à reforma agrária e a programas de habitação popular, sem qualquer indenização ao proprietário e sem prejuízo de outras sanções previstas em lei, observado, no que couber, o disposto no art. 5º. (Redação dada pela Emenda Constitucional nº 81, de 2014)

Art. 5º **Considerams-se casos de utilidade pública**:
[...] i) **a abertura**, conservação e melhoramento **de vias ou logradouros públicos**; a execução de planos de urbanização; o parcelamento do solo, com ou sem edificação, para sua melhor utilização econômica, higiênica ou estética; a construção ou ampliação de distritos industriais (BRASIL, Decreto-lei 3.365/1941, grifo nosso).

Atente-se, porém, para a possibilidade de, com aparência de legalidade, a administração municipal abrir ruas através de desapropriações em burla à lei de parcelamento do solo. Em casos concretos, a atuação do administrador público pode consistir em um favorecimento de interesse particular quando não se visualizar que a via a ser aberta promove a ligação entre pontos importantes da cidade, nem se insere no planejamento de trânsito de forma compatível com o crescimento do núcleo urbano. Nestas hipóteses, tratar-se-ia de uma situação simulada destinada a ocultar um vício de motivação ou desvio de finalidade (GALHARDO, 2000).

Nem sempre o juízo prudencial do registrador imobiliário possui condições de qualificar negativamente um título com estes fins espúrios. Até porque a simulação não é um vício extrínseco que se demonstre pela mera análise documental, mas sim um vício de ordem subjetiva.

Todavia, se em momento imediatamente posterior à abertura da via pública for apresentado, por exemplo, título destinado a averbar o desmembramento de diversos lotes que passaram a fazer frente para a nova rua, e ainda, na sequência sobrevierem inúmeros negócios jurídicos translativos de propriedade como promessas de compra e venda a prazo, evidente estará o intuito comercial do empreendimento. Ficará claro, portanto, que o ato *a priori* lícito, de abertura da via pública por iniciativa do Município, na verdade consistiu em um facilitador para que o proprietário da gleba se furtasse de seguir o procedimento especial previsto na Lei 6.766/1979. Este será o momento em que, já dotado de elementos objetivos indicadores de burla às normas de Parcelamento de Solo, o Registrador Imobiliário deverá obstar o ingresso de novos títulos e comunicar o Ministério Público para as providências necessárias.

6.3.4 Destinação voluntária pelo proprietário de área privada

Também se pode imaginar o surgimento de ruas e estradas a partir da destinação voluntária promovida pelo proprietário de área particular.

Cautela é necessária, porém, quando se tratar de escritura de transmissão não onerosa, ou seja, manifestação de vontade do particular em doar parte de seu imóvel para o poder público instituir uma via pública, pois este negócio jurídico pode consistir em burla à lei de parcelamento de solo. O ato de doação em si pode não ser eivado de vícios. No entanto, se posteriormente o proprietário da área remanescente pretender subdividi-la em porções menores através de desdobro ou desmembramento simples, valendo-se da rua aberta como testada de novos lotes com finalidade comercial, caracterizada estará a tentativa de se esquivar das regras de parcelamento impostas pela Lei 6.766/1979 no interesse da coletividade.

Faz-se necessário, pois juízo prudencial do registrador imobiliário, que recebeu especial confiança do Estado para atuar, também, como fiscal do regular parcelamento do solo.

6.3.5 O critério da afetação – a desapropriação indireta

Por fim, a doutrina administrativista aponta como forma de surgimento de uma via pública a transferência de uma faixa de terra do domínio particular para o público pela mera destinação da área para tal fim, ou seja, pela sua afetação.

> Em nossos dias o vocábulo 'afetação' e seu cognato 'afetar' passaram a fazer parte integrante do léxico especializado do Direito Administrativo, com os sentidos precisos de *destinação, destinar,* idéia tanto mais importante quando, no âmbito do Direito Público, o princípio básico informativo é o de *fim público,* destino de todas as operações, materiais ou jurídicas, realizadas pelo Estado para a consecução de suas finalidades últimas (CRETELA JÚNIOR *apud* SILVA FILHO, 1984, p. 897-898).

Esta teoria está fundada na ideia de que os bens públicos adquirem esta qualidade independente de titulação, bastando a caracterização de que a utilização dada ao bem é pública.

Também chamada de apossamento administrativo, a desapropriação indireta é uma intervenção do Estado na propriedade que não observa as exigências da lei. Não se trata de modalidade de desapropriação propriamente dita, mas de uma nomenclatura atribuída para uma situação em que o Estado, algumas vezes a pretexto de exercer uma intervenção restritiva, acaba tolhendo totalmente o direito de propriedade do particular.

> O proprietário prejudicado pela ação ilícita pode buscar o Poder Judiciário para impedir a continuidade de tal ato ilícito contra seu direito de propriedade (ex: ação de

reintegração de posse); contudo, caso já tenha ocorrido a incorporação do bem a alguma destinação pública, tem-se entendido que a tutela judicial restringir-se-á à indenização pela perda da propriedade. Tal indenização é requerida através de ação de desapropriação indireta, ajuizada pelo proprietário prejudicado (TORRES, 2001, p. 437).

Márcio Guerra Serra e Monete Hipólito Serra (2013) defendem que se o Poder Público tiver se apossado irregularmente do imóvel, o antigo proprietário terá direito tão somente à indenização. Trata-se da chamada desapropriação indireta.

Nas palavras de Hely Lopes Meirelles (1976, p. 509) as áreas de terra que antes pertenciam a particulares podem passar a integrar o domínio público tão somente pela sua destinação. Não caberia aos particulares sequer o direito de reivindicar tais áreas. "*Esta transferência por destinação se opera pelo só fato da transformação da propriedade privada em via pública sem oportuna oposição do particular, independente, para tanto, de qualquer transcrição ou formalidade administrativa*".

Neste caso, independentemente de ter sido efetivada a desapropriação direta ou indireta, de ter ou não existido acordo entre Estado e particular, ou mesmo de ter ou não havido a prescrição do direito pela desapropriação indireta, o certo é que um bem público (em especial "bem de uso comum do povo") não pode estar incluído na matrícula de um imóvel privado.

A percepção de um imóvel representado por uma matrícula está ligada à ideia de contiguidade. Apenas uma porção de terra sem solução de continuidade pode caracterizar aquilo que para fins registrais é considerado um imóvel.

> Pense-se no que ocorre com a denominada desapropriação indireta. Se o imóvel, rural ou urbano, foi ocupado ilicitamente pela Administração Pública, pode o particular defender-se logo com as ações possessórias ou dominiais. Se tarda e alí é construída uma estrada, uma rua, um edifício público, o esbulhado não conseguirá reaver o terreno, o qual entretanto, continua a ter existência física. Ao particular, só cabe ação indenizatória.
> Isto acontece porque o objeto do direito transmudou-se. Já não existe mais, jurídica, econômica e socialmente, aquele fragmento de terra de fundo rústico ou urbano. Existe uma outra coisa, ou seja, uma estrada ou uma rua etc. Razões econômicas e sociais impedem a recuperação física do antigo imóvel. (TARTUCE; SIMÃO, 2013, p. 133).

A tese da destinação pública como suficiente para caracterizar a transferência do imóvel para a coletividade já foi acatada pelo Supremo Tribunal Federal. Na Medida Cautelar incidental a Ação Direta de Inconstitucionalidade nº 2.260 do Distrito Federal, o Ministro Moreira Alves consolidou o entendimento de que **uma estrada que corta um imóvel transfere-se automaticamente para o domínio público em função de sua destinação, mesmo que não haja desapropriação ou acordo formal entre os envolvidos**. Ainda que ausente um procedimento formal de trasladação da propriedade, o Ministro entende que o particular deixa de ter o direito de constar em seu título de propriedade um bem que não mais lhe pertence. Caberia ao interessado, portanto, acionar o Judiciário requerendo a desapropriação indireta.

6.4 Aspectos Registrais: o princípio da unitariedade matricial e a transição do sistema da ordem cronológica em folha coletiva do Decreto 4.857/1939 para o sistema matricial da Lei 6.015/1973⁶

Antes de 1º de Janeiro de 1976, o sistema registral imobiliário era regido pelos procedimentos do Decreto nº 4.857/1939. O foco das transações imobiliárias estava no negócio jurídico celebrado e nas pessoas envolvidas. Daí alguns doutrinadores se referirem a este período como o do sistema do fólio pessoal.

Na prática, os negócios jurídicos translativos de propriedade eram transcritos no Livro 3, destinado às transcrições das transmissões. Não existia uma folha para cada imóvel, nem uma folha para cada pessoa. A unidade da transcrição era determinada pelo título.

O livro de transcrição das transmissões era previamente encadernado, e os negócios jurídicos eram transcritos na ordem cronológica de sua apresentação ao registrador imobiliário. Por esta razão, tecnicamente é mais correto denominar esta fase de sistema da ordem cronológica em folha coletiva.

Como já é possível observar, o princípio da unitariedade matricial não existia na época das transcrições. Somente a partir da entrada em vigor da Lei de Registros Públicos o sistema registral imobiliário passou a ser orientado por este princípio.

O Art. 176, § 1º, inciso I da Lei 6.015/1973 consagra a ideia de que *"cada imóvel terá matrícula própria, que será aberta por ocasião do primeiro registro a ser feito na vigência desta Lei"*.

Fez-se necessário, pois, estabelecer algumas regras para a transição entre o sistema anterior, em que uma transcrição podia dizer respeito a mais de uma gleba, e o sistema atual, em que o princípio da unitariedade deve ser observado. A ideia geral é a de que devem ser abertas tantas matrículas quantos forem os imóveis, entendidos como um todo contínuo.

Note-se que o problema desta transição se agrava caso se considere que no passado era possível ir adquirindo um imóvel aos poucos, através de diversos negócios jurídicos consubstanciados em várias transcrições. Nestes casos, é preciso recompor o todo, realizando buscas para localizar todas as transcrições para só então, a partir de todas elas, abrir uma única matrícula. Se por qualquer razão não for encontrado 100% do imóvel em nome do sedizente proprietário, será preciso buscar a transcrição de origem, hipótese em que a percentagem que não for atribuída ao interessado permanecerá em nome do titular anterior, em regime de condomínio.

Neste norte, no sistema da Lei 6.015/1973, a matrícula deve descrever o imóvel de forma que a descrição de suas medidas perimetrais feche um único polígono. Em sentido contrário, se a descrição objetiva corresponder a dois ou mais polígonos, não se tratará mais de um imóvel para fins registrais, e sim dois ou mais lotes ou glebas.

Como se pode concluir, a secessão do imóvel por uma via pública, por força do princípio da unitariedade matricial, torna necessária a descrição individualizada de cada uma das porções de terra.

6.5 A Retificação Administrativa de Área como Instrumento de Regularização das Vias Públicas e dos Imóveis por ela Cortados

Sabe-se que o Art. 213 da Lei 6.015/19736 prevê no inciso II uma modalidade de retificação administrativa que se processará a requerimento do interessado quando houver alteração de medida perimetral de que resulte, ou não, alteração de área.

Trata-se de inovação inspirada pela onda de reformas legislativas destinadas a desjudicializar procedimentos e valorizar o papel social do profissional do direito registrador de imóveis.

Note-se que o § 7º do Art. 213 da Lei de Registros Públicos prevê expressamente que pelo procedimento de retificação administrativa poderão ser *"apurados os remanescentes de áreas parcialmente alienadas, caso em que serão considerados como confrontantes tão-somente os confinantes das áreas remanescentes"* (BRASIL, Lei 6.015/1973).

Neste norte, o procedimento de retificação extrajudicial se presta para regularizar a situação de imóveis em que houve o destaque de parte da gleba para constituir bem de uso comum do povo.

Não é outro o entendimento defendido por Mario Pazzuti Mezzari:

> Esse procedimento poderá ser utilizado nos casos em que a **desapropriação destina-se a abertura de via pública e que fiquem dois imóveis remanescente**, em ambos os lados da via. Igualmente, nos casos em que a expropriação para abertura da via pública não foi levada a registro, poderá o proprietários valer-se do mesmo processo, sendo que a caracterização da parte expropriada (ocupada pela estrada) ficará a cargo do profissional que elaborar o memorial e a planta.

Na prática, esta situação pode ocorrer quando uma fazenda, que era descrita como um todo único e contínuo, passa a ser cortada por uma rodovia, por exemplo. A estrada, bem de uso comum do povo, passa a pertencer ao Poder Público em função de sua destinação.

Na primeira oportunidade em que os proprietários objetivarem adequar a descrição matricial à realidade fática, através de procedimento retificatório, deverão contratar um profissional da engenharia para elaborar um mapa e memorial descritivo destinados à retificação da matrícula. Ao proceder o levantamento da situação fática da fazenda, o engenheiro deverá descrever tantas glebas quantas forem as parcelas resultantes da secção causada pela estrada, desconsiderando, em sua descrição a área da via pública, que não mais constará como integrante do domínio particular. Naturalmente, a soma das áreas superficiais não corresponderá à totalidade da área anteriormente existente, o que não é óbice à retificação, desde que esta se processe *intra muros*.

Devem ser descritos tantos polígonos quantos forem necessários, e abertas as respectivas matrículas, que terão como confrontante, em algum momento da descrição perimetral, a própria via pública.

No que concerne à diferença entre a soma da área das novas matrículas e a área superficial anterior, que corresponde efetivamente à parcela destinada à via pública que agora está sendo separada do domínio privado, Eduardo Augusto sugere que a melhor saída seja considerá-la como remanescente da matrícula-mãe que será encerrada. Consoante o autor, isto se dá pelas seguintes razões:

> a) o particular não tem o dever nem legitimidade de delimitar imóveis públicos;
> b) nem sempre seria possível descrever a área abrangida pela estrada;
> c) não pode haver matrícula de imóvel público sem o correspondente título; e

d) matrícula de estrada em nome de particular é um absurdo. (AUGUSTO, 2013, p. 368).

Como se pode observar, a retificação administrativa de maior complexidade é instrumento apto a dar conta de situações consolidadas em que uma área do imóvel particular foi afetada a um uso eminentemente público, tal qual quando o imóvel é cortado por uma via pública.

6.6 Considerações finais

Em que pese a Constituição da República de 1988 ter demonstrado especial preocupação com o ordenamento e pleno desenvolvimento das funções sociais da cidade para garantir o bem-estar de seus habitantes, a ocupação do solo urbano ainda se mostra deveras desordenada.

Em especial no que concerne à malha viária, indispensável à boa circulação e qualidade de vida dos munícipes, prevalece o empirismo e a perpetualização de situações consolidadas pela prática quotidiana em detrimento do planejamento urbanístico e jurídico responsável.

Diante do exposto, observa-se que grande parte das vias públicas no Brasil surgiram empiricamente, sem planejamento urbano específico nem projeto de parcelamento de solo devidamente registrado. Nestes casos, diversas transcrições e matrículas de imóveis de particulares apresentam descrições precárias que não se coadunam com a situação fática atual. Em outras palavras, os imóveis são descritos como um todo individualizado sem menção ao fato de serem cortados por uma via pública que na verdade seccionou o imóvel em duas ou mais porções distintas, às quais deve corresponder duas ou mais matrículas autônomas.

A adequação das matrículas dos imóveis particulares à situação fática pode ocorrer através do procedimento de retificação administrativa de maior complexidade previsto no Art. 213, II da Lei de Registros Públicos.

O poder público municipal também possui a prerrogativa de requerer, através de procedimento semelhante, a abertura de matrícula para as vias públicas decorrentes de parcelamentos não registrados, valendo-se do Art. 195-A da Lei 6.0158/1973 combinado com o Art. 22, parágrafo único, da Lei 6.766/1979.

Observa-se, portanto, uma gama de atribuições cada vez maior posta pelo Legislador nas mãos do registrador imobiliário, o que corrobora a ideia de que se trata de profissional do direito dotado de fé pública e apto para atuar como agente de pacificação das relações sociais, notadamente na tutela da propriedade imobiliária.

Referências

ARFELLI. Amauri Chaves. **Áreas Verdes e de Lazer:** considerações para sua compreensão e definição na atividade urbanística de parcelamento do solo. 2004. *In:* DIP, Ricardo; JACOMINO, Sergio. Registro Imobiliário: modificações da propriedade. São Paulo: Editora Revista dos Tribunais, 2011 (Coleção Doutrinas Essenciais: direito registral; v. 4).

AUGUSTO, Eduardo Agostinho Arruda. **Registro de Imóveis, retificação de registro e georreferenciamento**: fundamento e prática. São Paulo: Saraiva, 2013.

BRASIL. **Constituição da República Federativa do Brasil de 5 de outubro de 1988**. Disponível em: <http://www.planalto.gov.br/ccivil_03/constituicao/constitui% C3%A7ao.htm>. Acesso em 21 jun 2014.

BALTAR NETO, Fernando Ferreira. **Bens Públicos**. *In*: GARCIA, Leonardo de Medeiros. Direito Administrativo: coleção sinopses para concursos. Salvador: Jus Podivm, 2011.

BRASIL. **Constituição da República Federativa do Brasil de 5 de outubro de 1988.** Disponível em: < http://www.planalto.gov.br/ccivil_03/constituicao/constituicao.htm>. Acesso em 19 jul 2014.

BRASIL. **Decreto-Lei nº 3.365, de 21 de junho de 1941.** Dispões sobre desapropriações por utilidade pública. Disponível em: <http://www.planalto.gov.br/ccivil_03/decreto-lei/del3365.htm>. Acesso em 21 jul 2014.

BRASIL. **Lei 6.015, de 31 de dezembro de 1973.** Dispõe sobre os Registros Públicos e dá outras providências. Disponível em: <http://www.planalto.gov.br/ccivil_03/leis/L6015.htm>. Acesso em 13 jul 2014.

BRASIL. **Lei 6.766, de 19 de dezembro de 1979.** Dispõe sobre o Parcelamento de Solo Urbano e dá outras providências. Disponível em: <http://www.planalto.gov.br/ccivil_03/leis/l6766.htm>. Acesso em 21 jun 2014.

BRASIL. **Supremo Tribunal Federal.** Medida Cautelar na ADIN nº 2.260-DF, de 14/2/2001, Ministro Moreira Alves. Disponível em: <http://www.stf.jus.br/portal/processo>. Acesso em 13 jul 2014.

CARDOSO, Fernanda Lousada. **Direito Urbanístico**: Leis nº 6.766/1979 e 10.257/001 e MP nº 2.220/2001. 5.ed. Salvador: Jus Podivm, 2014.

CARVALHO, Afrânio de. **Loteamento e Seu Registro.** 1981. *In:*
DIP, Ricardo; JACOMINO, Sergio. Registro Imobiliário: modificações da propriedade. São Paulo: Editora Revista dos Tribunais, 2011 (Coleção Doutrinas Essenciais: direito registral; v.4).

DINI, Carlos Roberto Faleiros; DINIZ, Gustavo Saad. **Limitações aos Loteamentos:** a resposta do direito urbanístico para a questão da proximidade entre loteamento urbano residencial e distrito industrial. 2000. *In:* DIP, Ricardo; JACOMINO, Sergio. Registro Imobiliário: modificações da propriedade. São Paulo: Editora Revista dos Tribunais, 2011 (Coleção Doutrinas Essenciais: direito registral; v. 4).

GALHARDO, João Baptista. **O Poder Público Municipal e a Burla da Lei do Parcelamento do Solo.** 2000. *In:* DIP, Ricardo; JACOMINO, Sergio. Registro Imobiliário: modificações da propriedade. São Paulo: Editora Revista dos Tribunais, 2011 (Coleção Doutrinas Essenciais: direito registral; v.4).

TARTUCE, Flávio; SIMÃO, José Fernando. **Direito civil, v.4:** direito das coisas. 5.ed. rev. e atual. Rio de Janeiro: Forense; São Paulo: Método, 2013.

TORRES, Ronny Charles Lopes de. **Intervenção Estatal na Propriedade**. *In:* GARCIA, Leonardo de Medeiros. Direito Administrativo: coleção sinopses para concursos. Salvador: Jus Podivm, 2011.

MEIRELLES, Hely Lopes. **Direito Administrativo Brasileiro**. São Paulo: RT, 1976.

MEZZARI, Mario Pazzuti. **O Novo Processo de Retificação do Registro Imobiliário:** retificação ou usucapião? Disponível em: <http://www.colegioregistralrs.org.br/anexos/MarioMezzari_NovoProcessoRetificacao.pdf>. Acesso em 22 jul 2014.

SAMBURGO, Beatriz Augusta Pinheiro; TAMISO, Cláudia Helena; FREITAS, José Carlos de. **Comentários à Lei 9.785, de 29.01.1999, sobre as alterações introduzidas na Lei 6.766/1979**. 1999. *In:* DIP, Ricardo; JACOMINO, Sergio. Registro Imobiliário: modificações da propriedade. São Paulo: Editora Revista dos Tribunais, 2011 (Coleção Doutrinas Essenciais: direito registral; v.4).

SERRA, Márcio Guerra; SERRA, Monete Hipólito. **Registro de Imóveis III**: Procedimentos Especiais. São Paulo: Saraiva, 2013. *In*: CASSETARI, Christiano (coord). Coleção Cartórios.

SILVA FILHO, Elvino. **Loteamento Fechado e Condomínio Deitado.** 1984. *In:* DIP, Ricardo; JACOMINO, Sergio. Registro Imobiliário: modificações da propriedade. São Paulo: Editora Revista dos Tribunais, 2011 (Coleção Doutrinas Essenciais: direito registral; v. 4).

${\Large 7\}}$

EMOLUMENTOS: DA NATUREZA JURÍDICA E DA FORMA LEGAL DE INSTITUIÇÃO E MAJORAÇÃO

GUILHERME FREITAS FONTES
OAB/SC 15.148
Graduado em Direito pela UFSC. Especialista em Direito Tributário pela PUC/SP. Especialista em Direito e Negócios Empresariais pela UFSC. Advogado integrante da Comissão de Direito Notarial e Registros Públicos da OAB/SC. Professor da UFSC

7.1   Breve intróito

A natureza jurídica dos emolumentos já foi debatida, por diversas oportunidades, nas várias Cortes do nosso país, inclusive pelo Supremo Tribunal Federal – STF.

E a conclusão apresentada pelos Tribunais foi no sentido de que os emolumentos cartorários possuem natureza tributária, posto que se classificam como um tipo de *taxa*, uma das espécies do gênero tributo, conforme consagra a doutrina e prescreve a legislação (*v.g.*, o art. 5º do Código Tributário Nacional – CTN).

Em decorrência da natureza jurídica tributária dos emolumentos, nossa jurisprudência consagrou o entendimento de que a instituição e majoração daqueles deve respeitar o princípio da legalidade prescrito tanto na Constituição Federal de 1988 – CF/88 (arts. 5º, II e 150, I), quanto no CTN (art. 9º).

Contudo, não obstante o entendimento esposado por nossas Cortes, a análise quanto à natureza jurídica dos emolumentos não se trata de tema esgotado, permitindo ainda reflexões ante a singularidade da atividade notarial e registral e sua forma de remuneração.

E é exatamente isso a que se propõe o presente estudo: apresentar reflexões acerca da natureza jurídica dos emolumentos, para tanto observando a legislação, doutrina e jurisprudência pátrias, bem como formular conclusão sobre a forma legal de instituição e majoração.

7.2 Definição e reflexões sobre a natureza jurídica dos emolumentos

7.2.1 Definição do vocábulo "emolumento"

Primeiramente, mister faz-se apresentarmos uma definição para o vocábulo "emolumento".

Segundo Leib Soibelman[1] conceitua, os emolumentos são: *"Despesas que se pagam aos serventuários e auxiliares da justiça pela prática de atos forenses, registros públicos, escrituras, certidões, etc".*

---

[1] SOIBELMAN, Leib. Enciclopédia do Advogado. 5ª ed. Rio de Janeiro: Thex, 1996, p. 145.

Plácido e Silva[2] define o vocábulo "emolumento" da seguinte forma: *"Emolumento. Pela CF/88, é a remuneração que os notários e os oficiais registradores recebem pela contraprestação de seus serviços".*

Emanuel Costa Santos, detalhando a atividade notarial e registral, apresenta o seguinte conceito:

> Assim, partindo da análise de seus elementos, afirma-se que os emolumentos consistem no valor pago pelo usuário do serviço notarial e de registro ao tabelião ou registrador, em virtude da efetiva utilização por aquele do serviço prestado em caráter pessoal por este, suficiente para que, mediante gestão privada, o delegado do serviço arque com as despesas de pessoal e as despesas de custeio, nestas eventualmente inclusos, parcial ou integralmente, os gastos com as condições e necessidades primárias do serviço, fazendo *jus* o delegado a auferir o valor líquido apurado, deduzidas tais despesas.[3]

7.2.2 Os emolumentos na CF/88 e na legislação federal

O vocábulo "emolumento" é referido textualmente na Carta Magna de 1988 em duas oportunidades, sempre no plural (emolumentos): no § 2º do art. 98 e no § 2º do art 236. Abaixo transcrevemos os dispositivos constitucionais:

---

[2] SILVA, De Plácido e. Dicionário do Advogado. Revisão e atualização de Nagib Slaibi Filho e Gláucia Carvalho. 25ª ed. Rio de Janeiro: Forense, 2004, p. 519.

[3] SANTOS, Emanuel Costa. Emolumentos Notariais e de Registro: Desvendando os Segredos desta Esfinge. Disponível em: <http://irib.org.br/boletim/2013/abril/downloads/4249-artigo.pdf>. Acesso em: 10 abr. 2014.

> Art. 98. A União, no Distrito Federal e nos Territórios, e os Estados criarão:
> (...)
> § 2º As custas e **emolumentos** serão destinados exclusivamente ao custeio dos serviços afetos às atividades específicas da Justiça. (Incluído pela Emenda Constitucional nº 45, de 2004) (grifamos)
> (...)
> Art. 236. Os serviços notariais e de registro são exercidos em caráter privado, por delegação do Poder Público.
> (...)
> § 2º - Lei federal estabelecerá normas gerais para fixação de **emolumentos** relativos aos atos praticados pelos serviços notariais e de registro. (grifamos)[4]

Posteriormente à promulgação da CF/88, duas leis federais que versam sobre a atividade notarial e registral e especificamente sobre emolumentos foram editadas. São elas: Lei nº 8.935/94 e Lei nº 10.169/2000.

No que se refere à Lei nº 8.935/94, que regulamentou o art. 236 da CF/88, "batizada" como Lei dos Cartórios, cumpre-nos trazer à baila seu art. 28:

> Art. 28. Os notários e oficiais de registro gozam de independência no exercício de suas atribuições, têm direito à percepção dos **emolumentos** integrais pelos atos praticados na serventia e só perderão a delegação nas hipóteses previstas em lei. (grifamos)[5]

---

[4] BRASIL. Constituição Federal, de 05 de outubro de 1988. Disponível em: http://www.planalto.gov.br/ccivil_03/constituicao/constituicao.htm>. Acesso em: 10 abr. 2014.

[5] BRASIL. Lei nº 8.935, de 18 de dezembro de 1994. Disponível em: <http://www.planalto.gov.br/ccivil_03/leis/l8935.htm>. Acesso em: Acesso em: 10 abr. 2014.

Já no que concerne à Lei nº 10.169/2000, colacionamos os arts. 1º e 5º, pertinentes ao presente estudo, *verbis*:

> Art. 1º Os Estados e o Distrito Federal fixarão o valor dos **emolumentos** relativos aos atos praticados pelos respectivos serviços notariais e de registro, observadas as normas desta Lei. (grifamos)
> Parágrafo único. O valor fixado para os **emolumentos** deverá corresponder ao efetivo custo e à adequada e suficiente remuneração dos serviços prestados. (grifamos)
> (...)
> Art. 5º Quando for o caso, o valor dos **emolumentos** poderá sofrer reajuste, publicando-se as respectivas tabelas, até o último dia do ano, observado o princípio da anterioridade. (grifamos)[6]

Pois bem. Com as transcrições acima, colhidas da CF/88, da Lei nº 8.935/94 e da Lei nº 10.169/2000, podemos constatar que os emolumentos têm previsão constitucional, bem como seu valor deverá levar em conta além do efetivo custo do serviço, a adequada e suficiente remuneração para seus prestadores, o que acarreta em aspecto subjetivo contido no texto legal.

7.2.3 A natureza jurídica dos emolumentos segundo o STF

A natureza jurídica do instituto jurídico intitulado "emolumento" já foi objeto de apreciação em distintos julgamentos pelo STF, de modo que em diferentes épocas o Pretório Excelso, por meio de seus Ministros, posicionou-se sobre o referido tema.

---

[6] BRASIL. Lei nº 10.169, de 29 de dezembro de 2000. Disponível em: <http://www.planalto.gov.br/ccivil_03/leis/l10169.htm>. Acesso em: 10 abr. 2014.

Há que se destacar, ao analisarmos o conteúdo das manifestações do STF, que aquilo que parecia ser quase que uma verdade absoluta e, portanto inquestionável, atualmente é objeto de reflexões.

Vejamos de forma objetiva alguns trechos de votos dos Eminentes Ministros do STF em alguns processos nos quais se considerou a natureza jurídica dos emolumentos como taxas, espécie do gênero tributo:

> - Ação Direta de Inconstitucionalidade – ADI nº 1.444, Rel. Min. Sydney Sanches, julgamento em 12-2-2003, Plenário, DJ de 11-4-2003.

Trata-se de ADI movida pela OAB/PR contra a Resolução nº 07, de 30 de junho de 1995, editada pelo Tribunal de Justiça do Estado do Paraná, na parte em que majorou os emolumentos cobrados por Cartórios daquele Estado da Federação. Colhe-se do voto do Ministro Sydney Sanches:

> 1. Já ao tempo da EC 1/1969, julgando a Rp 1.094-SP, o Plenário do STF firmou entendimento no sentido de que 'as custas e os emolumentos judiciais ou extrajudiciais', por não serem preços públicos, 'mas, sim, taxas, não podem ter seus valores fixados por decreto, sujeitos que estão ao princípio constitucional da legalidade (§ 29 do art. 153 da EC 1/1969), garantia essa que não pode ser ladeada mediante delegação legislativa' (*RTJ* 141/430, julgamento ocorrido a 8-8-1984).
> 2. Orientação que reiterou, a 20/04/1990, no julgamento do RE 116.208-MG (...).
> 3. O mesmo ocorre, sob a vigência da Constituição atual, cujo art. 24 estabelece a competência concorrente da União, dos Estados e do Distrito Federal, para legislar

sobre custas dos serviços forenses (inciso IV) e cujo art. 150, no inciso I, veda à União, aos Estados, ao Distrito Federal e aos Municípios, a exigência ou aumento de tributo, sem lei que o estabeleça.
4. O art. 145 admite a cobrança de 'taxas, em razão do exercício do poder de polícia ou pela utilização, efetiva ou potencial, de serviços públicos específicos e divisíveis, prestados ao contribuinte ou postos a sua disposição'.
Tal conceito abrange não só as custas judiciais, mas, também, as extrajudiciais (emolumentos), pois estas resultam, igualmente, de serviço público, ainda que prestado em caráter particular (art. 236).
Mas sempre fixadas por lei.[7]

- Ação Direta de Inconstitucionalidade – ADI nº 1.709, Rel. Min. Maurício Corrêa, julgamento em 10-2-2000, Plenário, DJ de 31-3-2000).

Esta foi uma ADI aforada pelo Procurador-Geral da República contra o Provimento nº 09, de 22 de abril de 1997, editada pela Corregedoria Geral de Justiça do Estado do Mato Grosso, na parte em que dispôs sobre a fixação e cobrança dos emolumentos devidos pelos atos do serviço notarial e de registro prestados no referido Estado.

Colhe-se do voto do Ministro Maurício Corrêa: "A instituição dos emolumentos cartorários pelo Tribunal de Justiça afronta o princípio da reserva legal. Somente a lei pode criar, majorar ou reduzir os valores das taxas judiciárias".[8]

---

[7] SANCHES, Sydney. Voto proferido no julgamento de mérito da Ação Direta de Inconstitucionalidade nº 1.444. Brasília: Supremo Tribunal Federal, 2003.
[8] CORRÊA, Maurício. Voto proferido no julgamento de mérito da Ação Direta de Inconstitucionalidade nº 1.709. Brasília: Supremo Tribunal Federal, 2000.

Além dos processos acima referenciados, encontramos dezenas de outros processos que versaram sobre a mesma matéria e deram ensejo a mesmíssima interpretação por parte do STF de que efetivamente os emolumentos possuem natureza jurídica tributária.

Contudo, aos que se ativeram de forma mais detalhada ao julgamento da ADI nº 3089, chamou a atenção o debate ante as assertivas constantes dos votos de alguns Ministros acerca do instituto jurídico intitulado "emolumento".

Relembrando, a ADI nº 3089 versava sobre a suposta inconstitucionalidade da Lei Complementar Federal nº 116/2003, ao prescrever que os serviços prestados por tabeliães e oficiais de registro, ou seja, os serviços notarial e de registro praticados pelos Cartórios seriam passíveis de incidência do Imposto sobre Serviços – ISS, de competência dos Municípios, conforme determina o art. 156, III, da CF/88.

O desfecho da referida ADI nº 3089 todos já sabem: o STF decidiu que a Lei Complementar Federal nº 116/2003 não incorreu em inconstitucionalidade e que, portanto, os serviços notarial e de registro praticados pelos Cartórios poderiam sofrer a incidência do ISS.

Mas o que nos interessa neste breve arrazoado é observar o que se falou acerca da natureza jurídica dos emolumentos, numa linha diferente de tudo aquilo que o STF já havia produzido em termos de interpretação da matéria.

Colacionemos, pois, excertos de votos dos Eminentes Ministros do STF na citada ADI nº 3089. Primeiro, as palavras de Carlos Ayres Britto, ao falar sobre a peculiar atividade notarial e de registro prescritas no art. 236 da CF/88:

Em, outras palavras outras, assim como o inquérito policial não é processo judicial nem processo administrativo investigatório, mas inquérito policial mesmo (logo, um tertium genus); assim como o Distrito Federal não é um Estado nem um Município, mas tão-somente o próprio Distrito Federal; assim como os serviços forenses não são mais uma entre tantas outras modalidades de serviço público, mas apenas serviços forenses em sua peculiar ontologia, ou autonomia entitativa, **também assim os serviços notariais e de registro são serviços notariais e de registro, simplesmente, e não qualquer outra atividade estatal.**[9]

Nesse contexto, seguindo a esteira da singularidade dos serviços dos tabeliães e oficiais de registro, asseverou o Ministro Marco Aurélio Mello:

> Num primeiro passo – é uma idéia que ainda será objeto de reflexão –, quando a Constituição Federal, no artigo 145, se refere a taxa, ela o faz quanto a uma cobrança direta – é a regra, pelo menos –, efetuada pela pessoa jurídica de direito público. No caso, a atividade é exercida em caráter privado, e o numerário satisfeito por aqueles que buscam o serviço público não é recolhido aos cofres públicos. Daí, por exemplo, a incidência do imposto de renda.[10]

Da leitura dos trechos transcritos acima, proferidos pelos Eminentes Ministros Carlos Ayres Britto e Marco Aurélio Mello

---

[9] BRITTO, Carlos Ayres. Voto proferido no julgamento de mérito da Ação Direta de Inconstitucionalidade nº 3.089. Brasília: Supremo Tribunal Federal, 2008.
[10] MELLO, Marco Aurélio Mendes de Farias. Voto proferido no julgamento de mérito da Ação Direta de Inconstitucionalidade nº 3.089. Brasília: Supremo Tribunal Federal, 2008.

quando do julgamento da ADI nº 3089, percebe-se que, pela primeira vez o STF começa a cogitar a hipótese de interpretar o instituto jurídico "emolumento" como tendo natureza jurídica que não a tributária, mas sim, como sendo algo singular, com um regime jurídico especial.

7.3 Arcabouço jurídico para os emolumentos considerando-os como taxa

7.3.1 CF/88

Para considerarmos os emolumentos como uma modalidade de taxa, espécie do gênero tributo, partimos do arcabouço constitucional a seguir apresentado:
- o art. 24 estabelece a competência concorrente da União, dos Estados e do Distrito Federal, para legislar sobre custas dos serviços forenses (inciso IV);
- o art. 150, no inciso I, por sua vez, veda à União, aos Estados, ao Distrito Federal e aos Municípios, a exigência ou aumento de tributo, sem lei que o estabeleça;
- já o art. 145, por seu turno, admite a cobrança de 'taxas, em razão do exercício do poder de polícia ou pela utilização, efetiva ou potencial, de serviços públicos específicos e divisíveis, prestados ao contribuinte ou postos a sua disposição';
- o conceito de taxa previsto no art. 145 abrange não só as custas judiciais, mas, também, as extrajudiciais (emolumentos), pois estas resultam, igualmente, de serviço público, ainda que prestado em caráter particular, conforme prescreve o art. 236.

7.3.2 CTN

Em âmbito infraconstitucional, é possível construir o seguinte arcabouço, partindo do Código Tributário Nacional:

- o art. 3º apresenta a definição de tributo como toda prestação pecuniária compulsória, em moeda ou cujo valor nela se possa exprimir, que não constitua sanção de ato ilícito, instituída em lei e cobrada mediante atividade administrativa plenamente vinculada;
- o art. 4º do CTN, bem como seus incisos I e II, estabelecem que a natureza jurídica específica do tributo é determinada pelo fato gerador da respectiva obrigação, sendo irrelevantes para qualificá-la a denominação e demais características formais adotadas pela lei, e ainda a destinação legal do produto da sua arrecadação;
- o art. 5º prescreve que os tributos são impostos, taxas e contribuições de melhoria;
- o art. 9º e seu inciso I rezam que é vedado à União, aos Estados, ao Distrito Federal e aos Municípios instituir ou majorar tributos sem que a lei o estabeleça;
- o art. 77 e seu parágrafo único estatuem que as taxas cobradas pela União, pelos Estados, pelo Distrito Federal ou pelos Municípios, no âmbito de suas respectivas atribuições, têm como fato gerador o exercício regular do poder de polícia, ou a utilização, efetiva ou potencial, de serviço público específico e divisível, prestado ao contribuinte ou posto à sua disposição;
- o art. 79 e seus incisos prescrevem que os serviços públicos a que se refere o artigo 77 consideram-se utilizados pelo contribuinte, efetivamente, quando por ele usufruídos

a qualquer título; potencialmente, quando, sendo de utilização compulsória, sejam postos à sua disposição mediante atividade administrativa em efetivo funcionamento; específicos, quando possam ser destacados em unidades autônomas de intervenção, de unidade, ou de necessidades públicas; divisíveis, quando suscetíveis de utilização, separadamente, por parte de cada um dos seus usuários.

7.3.3 Especial enfoque ao princípio da legalidade

Há que se ressaltar que em defesa da tese de que os emolumentos têm natureza jurídica tributária, destaca-se o robusto argumento de que os emolumentos se subsumem a todas as normas acima transcritas, colhidas da CF/88 e do CTN.

E mais. É com base nessa perspectiva e, mormente no princípio da legalidade, estatuído tanto na CF/88 (arts. 5º, II e 150, I), quanto no CTN (art. 9º), que o STF vem entendendo ao longo dos anos que não se pode admitir que os emolumentos sejam criados ou majorados sem a edição de lei estadual para tanto.

7.4 Emolumentos considerados como de natureza jurídica *sui generis* e regime especial

7.4.1 Argumentos que reforçam a tese de que os emolumentos seriam uma categoria *sui generis*

Por outro vértice, há nova corrente que defende que os emolumentos constituem-se, na verdade, em categoria *sui generis*, com status constitucional e regime jurídico próprio, haja vista o grau de peculiaridade que envolve a atividade notarial e de registro e sua forma de remuneração.

Quanto à peculiaridade da atividade notarial e de registro, seguramente todos que militam na área jurídica hão de concordar, mormente pelo fato de se tratar de uma atividade exercida em caráter privado (art. 236, CF/88), mas com natureza eminentemente pública.

Novamente nos reportamos à palavras do Ministro Carlos Ayres Britto na ADI nº 3089:

> (...) anoto que as atividades em foco deixaram de figurar no rol dos serviços públicos que são próprios da União (incisos XI e XII do art. 21, especificamente). Como também não foram listadas enquanto competência material dos Estados, ou dos Municípios (arts. 25 e 30, respectivamente). Nada obstante, é a Constituição mesma que vai tratar do tema já no seu derradeiro título permanente (o de nº IX), sob a denominação de "DISPOSIÇÕES GERAIS"(...);
> (...) temos para nós que os traços principais dos serviços notariais e de registro sejam os seguintes:
> I – serviços notariais e de registro são atividades **próprias do Poder Público** (logo, atividades de natureza pública), **porém obrigatoriamente exercidas em caráter privado** (CF, art. 236, caput). Não facultativamente, como se dá, agora sim, com a prestação dos serviços públicos, desde que a opção pela via estatal (que é uma via direta) ou então pela via privada (que é uma via indireta) se dê por força de lei de cada pessoa federada que titularizar tais serviços;
> II - cuida-se de atividades estatais cuja prestação é traspassada para os particulares **mediante delegação.** Não por conduto dos mecanismos da concessão ou da permissão, normados pelo caput do art. 175 da Constituição como **instrumentos contratuais** de privatização do exercício dos serviços públicos;

III – a delegação que lhes timbra a funcionalidade **não se traduz, por nenhuma forma, em cláusulas contratuais**. Ao revés, exprime-se em estipulações totalmente fixadas por lei. Mais ainda, trata-se de delegação que somente pode recair **sobre pessoa natural**, e não sobre uma "empresa" ou pessoa mercantil, visto que de empresa ou pessoa mercantil é que versa a Magna Carta Federal em tema de concessão ou permissão de serviço público;

IV – para se tornar delegatária do Poder Público, tal pessoa natural há de ganhar habilitação **em concurso público de provas e títulos**. Não por adjudicação em processo licitatório, regrado pela Constituição como antecedente necessário do contrato de concessão ou de permissão para o desempenho de serviço público;

V – está-se a lidar com atividades estatais cujo exercício privado jaz sob a exclusiva fiscalização **do Poder Judiciário**, e não sob órgão ou entidade do Poder Executivo (sabido que por órgão ou entidade do Poder Executivo é que se dá a imediata fiscalização das empresas concessionárias ou permissionárias de serviços públicos). Atividades, enfim, que não se remunera por "tarifa" ou preço público, mas por uma tabela de **emolumentos** que se pauta por normas gerais estabelecidas **em lei federal**. Características de todo destoantes daquelas que são inerentes ao regime dos serviços públicos.

Numa frase, então, serviços notariais e de registro **são típicas atividades estatais, mas não são serviços públicos, propriamente**. Categorizam-se como função pública, a exemplo das funções de legislação, justiça, diplomacia, defesa nacional, segurança pública, trânsito, controle externo e tantos outros cometimentos que, nem por ser de exclusivo senhorio estatal, passam a se confundir com serviço público. Quero dizer: cometimentos que se traduzem em atividades jurídicas do Estado, sem adentrar as fronteiras da prestação material em que os serviços públicos consistem.[11]

---

[11] BRITTO, Carlos Ayres. Voto proferido no julgamento de mérito da Ação Direta de Inconstitucionalidade nº 3.089. Brasília: Supremo Tribunal Federal, 2008.

Nesse diapasão, tem-se que a atividade notarial e de registro efetivamente possui características singulares, que a torna diferente das demais formas de atividades estatais, o que lhe permite a aplicação de regime jurídico próprio, forma de remuneração ímpar, legislação especial de regulamentação da atividade, enfim, um tipo *sui generis*.

7.4.2 Necessidade de respeito ao princípio da legalidade, mesmo não considerando os emolumentos como taxa

Independentemente da classificação quanto à natureza jurídica dos emolumentos, temos que o respeito ao princípio da legalidade deve sempre existir por parte do poder público, quando se pretende editar normas para instituição ou majoração de emolumentos, e explicamos.

Como vimos ao longo do presente estudo, até podemos aceitar a discussão quanto à natureza jurídica dos emolumentos. No entanto, mesmo que os emolumentos não sejam considerados como de natureza jurídica tributária, por força do art. 24, IV da CF/88, há que se observar o princípio da legalidade para a criação e majoração dos emolumentos, senão vejamos.

Dispõe o art. 24, IV da CF/88:

> Art. 24. Compete à União, aos Estados e ao Distrito Federal legislar concorrentemente sobre:
> (...)
> IV - custas dos serviços forenses;[12]

---

[12] BRASIL. Constituição Federal, de 05 de outubro de 1988. Disponível em: http://www.planalto.gov.br/ccivil_03/constituicao/constituicao.htm>. Acesso em: 10 abr. 2014.

Sobre o tema, assim arguiu a OAB/PR na ADI nº 1.444, com o que concordamos:

> (...) ainda que as custas e emolumentos não fossem classificáveis como taxas, sua instituição e aumento continuariam sujeitos ao princípio da legalidade, cuja aplicação não se limita à esfera tributária. Com efeito, se o inciso IV, art. 24, da Constituição Federal, dispôs sobre competência legislativa concorrente a respeito de custas e emolumentos, tal competência abrange todos os aspectos relacionados com a sua cobrança, infensos a qualquer tipo de delegação legislativa.[13]

Destarte, mesmo que se considere que os emolumentos não possuem natureza jurídica tributária, ainda assim deve haver respeito ao princípio da legalidade, ante a regra constitucional contida no art. 24, IV.

7.5 Caso prático recente de violação ao princípio da legalidade na instituição de emolumentos

7.5.1 Circular nº 01/2007 expedida pelo Tribunal de Justiça do Estado de Santa Catarina e Lei Complementar Estadual nº 622/2013

Lamentavelmente, malgrado o entendimento consagrado pelo STF de que a instituição e majoração dos emolumentos

---

[13] LIMA, Francisco Ernando Uchoa. Alegação constante da petição inicial da Ação Direta de Inconstitucionalidade nº 1.444. Brasília: Supremo Tribunal Federal, 2003.

devem ser levadas a cabo por meio de lei estadual, no Estado de Santa Catarina recentemente ocorreu episódio em que houve flagrante violação à referida regra.

Vejamos o caso. Em 2007 o Tribunal de Justiça de Santa Catarina expediu a Circular nº 01/2007, cujo teor estabelecia:

> CIRCULAR Nº 01/2007
> Aos Senhores Serventuários da Justiça
> Prezado (a) Senhor (a),
> Considerando as dúvidas suscitadas e as consultas formuladas à Corregedoria Geral da Justiça relativas à Lei 11.441, de 4 de janeiro de 2007, que introduziu alterações no Código de Processo Civil (Lei 5.869, de 1973), mais precisamente nas disposições concernentes ao inventário e partilha, à separação e ao divórcio consensuais, impõe-se esclarecer e determinar que:
> (...)
> 8. Os emolumentos serão devidos na forma do Regimento de Custas e Emolumentos do Estado de Santa Catarina, como segue:
> 8.1. Ao notário:
> I – os da Tabela I – Atos do Tabelião, nº 1, notas 1ª e 2ª: *a)* no inventário e partilha e na sobrepartilha, calculados sobre o valor dos bens inventariados, excluído o quinhão pertencente ao cônjuge supérstite (Consulta nº 550/2002, Des. Newton Trisotto; REsp nº 469.613, Min. Teori Albino Zavascki); *b)* na separação e no divórcio, havendo bens a partilhar;
> II – os da Tabela I – Atos do Tabelião, nº 2, na separação e no divórcio, não havendo bens a partilhar, e no restabelecimento de sociedade conjugal.
> 8.2. Ao registrador de imóveis: *a)* os da Tabela II – Atos do Oficial do Registro de Imóveis, nº 1, I, notas 1ª e 2ª, pelo registro da escritura; *b)* os da Tabela II – Atos do

Oficial do Registro de Imóveis, nº 2, II, nota 2ª, pela averbação da alteração do estado civil.

8.3. Ao registrador civil, os da Tabela V – Atos do Oficial de Registro Civil das Pessoas Naturais, nº 7, I, pela averbação da separação, do divórcio e do restabelecimento de sociedade conjugal.[14]

A citada Circular teve seu nascedouro ante a nova realidade processual trazida pela Lei Federal nº 11.441/2007. No entanto, conforme exposto ao longo deste estudo, jamais poder-se-ia regrar a cobrança de emolumentos por novas atribuições de notários por meio de norma que não fosse editada por lei, nesse caso, lei estadual.

E, numa tentativa de "corrigir" a violação perpetrada contra o princípio da legalidade, em dezembro de 2013 foi editada a Lei Complementar Estadual nº 622/2013, com o seguinte teor:

> Lei Complementar nº 622 de 20/12/2013
> Publicado no DOE em 31 dez 2013
> Acrescenta o número 11, itens I a V e respectivas Notas na Tabela I - Atos do Tabelião, e altera a Tabela II - Atos do Oficial do Registro de Imóveis, da *Lei Complementar nº 219, de 2001*, que dispõe sobre o valor dos emolumentos nos atos praticados pelos serviços notariais e de registro, na forma da *Lei federal nº 10.169, de 29 de dezembro de 2000*.
> Art. 1º A Tabela I - Atos do Tabelião - da Lei Complementar nº 219, de 31 de dezembro de 2001, passa a vigorar acrescida do número 11, com a seguinte redação:

---

14 BRASIL. Circular TJSC nº 01/2007, de 18 de janeiro de 2007. Disponível em: <http://cgj.tjsc.jus.br/consultas/provcirc/circular/a2007/c20070001.pdf>. Acesso em: 10 abr. 2014.

"11. Escrituras públicas decorrentes da Lei federal nº 11.441, de 2007:

I - Escrituras públicas que não possuam qualquer disposição acerca de partilha de bens, móveis ou imóveis: o mesmo valor das demais escrituras sem valor;

II - Escrituras públicas que possuam a disposição acerca da partilha de bens, móveis ou imóveis, cujo acervo alcance a cifra de até R$ 50.000,00, (25%) do valor máximo fixado no Anexo I;

III - Escrituras públicas que possam a disposição acerca da partilha de bens, móveis ou imóveis, cujo acervo alcance a cifra de R$ 50.000,01 até R$ 100.000,00: metade (50%) do valor máximo fixado no Anexo I;

IV - Escrituras públicas que possuam a disposição acerca da partilha de bens, móveis ou imóveis, cujo acervo alcance a cifra de R$ 100.000,01 até R$ 300.000,00: valor máximo (100%) do valor máximo fixado no Anexo I; e

V - Escrituras públicas que possuam disposição acerca da partilha de bens, móveis ou imóveis cujo acervo seja superior a cifra de R$ 300.000,01: os valores do Anexo I, considerados isoladamente sobre o valor de cada bem, incluída ou não a meação.

NOTAS:

1ª - No caso de escritura pública de inventário e partilha, excluir-se-á da base de cálculo o valor da meação do cônjuge sobrevivente.

2ª - Os emolumentos dos incisos II e III serão apurados com base no somatório de todos os bens que constituam o acervo.

3ª - Na escritura de inventário, separação ou divórcio que versar sobre doação, instituição de usufruto e exceção de direitos, a incidência de emolumentos dar-se-á sobre cada negócio jurídico, respeitados os mesmos critérios da partilha.

4ª - A escritura e demais atos notariais relativos à mencionada lei serão gratuitos àqueles que se declarem pobres sob as penas da lei. (...)[15]

Ou seja, lamentável que ainda nos dias de hoje se repita esse expediente, com a edição de normas por vias inadequadas para a instituição de emolumentos.

Certamente os tabeliães e oficiais de registro nada tem a ver com a inércia do Poder Legislativo em não editar a competente lei que institua os emolumentos para determinados casos. No entanto, não se pode admitir que por vias transversas, órgão que não detém competência para tanto – *in casu* o Tribunal de Justiça de Santa Catarina –, edite Circular (ou outro ato infralegal) na tentativa de suprir a ausência de lei que verse sobre o tema.

7.6 Conclusões

Como podemos observar, a natureza jurídica dos emolumentos ainda deverá render reflexões e novas interpretações, diante da singularidade da atividade notarial e de registro, bem como da forma pela qual os tabeliães e oficiais de registro são remunerados.

O julgamento da ADI nº 3089 – concordemos ou não com seu resultado –, constitui-se em momento importante no qual o STF teve a oportunidade de debater e apresentar um novo olhar sobre questões ligadas à atividade notarial e de registro.

---

[15] BRASIL. Lei Complementar Estadual nº 622, de 20 de dezembro de 2013. Disponível em: <http://www.legisweb.com.br/legislacao/?id=264021>. Acesso em: 10 abr. 2014.

Nesse contexto, os emolumentos seguem como tema de extrema riqueza e com possibilidades de diferentes interpretações. No entanto, há que se buscar entendimentos e coerência nos posicionamentos dos tribunais, para que não geremos insegurança jurídica na atividade notarial e de registro, e ainda para que se respeite os princípios constitucionais, sendo ou não os emolumentos de natureza jurídica tributária.

Referências

BRASIL. Circular TJSC nº 01/2007, de 18 de janeiro de 2007. Disponível em: <http://cgj.tjsc.jus.br/consultas/provcirc/circular/a2007/c20070001.pdf>. Acesso em: 10 abr. 2014.

BRASIL. Constituição Federal, de 05 de outubro de 1988. Disponível em: http://www.planalto.gov.br/ccivil_03/constituicao/constituicao.htm>. Acesso em: 10 abr. 2014.

BRASIL. Lei nº 8.935, de 18 de dezembro de 1994. Disponível em: <http://www.planalto.gov.br/ccivil_03/leis/l8935.htm>. Acesso em: Acesso em: 10 abr. 2014.

BRASIL. Lei nº 10.169, de 29 de dezembro de 2000. Disponível em: <http://www.planalto.gov.br/ccivil_03/leis/l10169.htm>. Acesso em: Acesso em: 10 abr. 2014.

BRASIL. Lei Complementar Estadual nº 622, de 20 de dezembro de 2013. Disponível em: <http://www.legisweb.com.br/legislacao/?id=264021>. Acesso em: Acesso em: 10 abr. 2014.

BRITTO, Carlos Ayres. Voto proferido no julgamento de mérito da Ação Direta de Inconstitucionalidade nº 3.089. Brasília: Supremo Tribunal Federal, 2008.

CORRÊA, Maurício. Voto proferido no julgamento de mérito da Ação Direta de Inconstitucionalidade nº 1.709. Brasília: Supremo Tribunal Federal, 2000.

LIMA, Francisco Ernando Uchoa. Alegação constante da petição inicial da Ação Direta de Inconstitucionalidade nº 1.444. Brasília: Supremo Tribunal Federal, 2003.

MELLO, Marco Aurélio Mendes de Farias. Voto proferido no julgamento de mérito da Ação Direta de Inconstitucionalidade nº 3.089. Brasília: Supremo Tribunal Federal, 2008.

SANCHES, Sydney. Voto proferido no julgamento de mérito da Ação Direta de Inconstitucionalidade nº 1.444. Brasília: Supremo Tribunal Federal, 2003.

SANTOS, Emanuel Costa. Emolumentos Notariais e de Registro: Desvendando os Segredos desta Esfinge. Disponível em: <http://irib.org.br/boletim/2013/abril/downloads/4249-artigo.pdf>. Acesso em: 10 abr. 2014.

SILVA, De Plácido e. Dicionário do Advogado. Revisão e atualização de Nagib Slaibi Filho e Gláucia Carvalho. 25ª ed. Rio de Janeiro: Forense, 2004, p. 519.

SOIBELMAN, Leib. Enciclopédia do Advogado. 5ª ed. Rio de Janeiro: Thex, 1996, p. 145.

8}

ISS INCIDENTE SOBRE A ATIVIDADE NOTARIAL E REGISTRAL: DEDUÇÕES QUANDO DA UTILIZAÇÃO DO PREÇO DO SERVIÇO COMO BASE DE CÁLCULO E POSSIBILIDADE DE COBRANÇA POR VALOR FIXO

Guilherme Freitas Fontes
OAB/SC 15.148
Graduado em Direito pela UFSC
Especialista em Direito Tributário pela PUC/SP
Especialista em Direito e Negócios Empresariais pela UFSC
Advogado integrante da Comissão de Direito Notarial e Registros Públicos da OAB/SC. Professor da UFSC

8.1 Informações preliminares

Como se sabe, a Lei Complementar nº 116/2003, editada pelo Congresso Nacional em 31/07/2003 prescreveu na lista anexa de serviços que seriam passíveis de tributação pelo ISS os "Serviços de registros públicos, cartorários e notariais" (itens "21" e "21.01" da citada lei).

Importante trazer à baila que a inclusão dos Registradores e Notários como contribuintes de ISS foi rechaçada pela Associação dos Notários e Registradores do Brasil – ANOREG/BR – que, no mês de dezembro de 2003, ajuizou Ação Direta de Inconstitucionalidade nº 3089 requerendo ao STF que liminarmente suspendesse a aplicação dos itens "21" e "21.01" da Lista de Serviços anexa à Lei Complementar nº 116/2003, que apontavam os serviços de registros públicos, cartorários e notariais como passíveis de tributação pelo ISS. Ao final, a ANOREG/BR requereu fosse declarada em definitivo a inconstitucionalidade dos itens atacados.

No que tange à tramitação da mencionada ADI nº 3089, no mês de fevereiro de 2008 o STF proferiu o julgamento do processo e, por votação majoritária, entendeu pela improcedência do pedido formulado pela ANOREG/BR.

Assim, com o julgamento da citada ADI, não mais se discute que é permitido aos municípios a instituição e cobrança do ISS sobre os serviços prestados pelos "registradores públicos, cartorários e notários" (terminologia utilizada pela lei).

Tem-se claro, outrossim, que o julgamento acima citado considerou tão-somente que os serviços de registros públicos, cartorários e notariais são passíveis de tributação pelo ISS. Contudo, em tal julgamento nenhuma linha sequer foi grafada para dizer que os municípios poderiam cobrar ISS utilizando como base de cálculo o preço do serviço, com a aplicação de uma alíquota sobre esse preço.

Isto porque os serviços de registros públicos, cartorários e notariais são exercidos sob a forma de trabalho pessoal (ou por prepostos, mas com a supervisão e responsabilidade do tabelião ou do oficial de registro) e, por tal razão, deveriam ser tributados tal como ocorre com outros profissionais que atuam dessa forma, conforme previsão contida no art. 9º, § 1º do Decreto-Lei nº 406/68, que não foi revogado pela Lei Complementar nº 116/2003, e que prescreve, *verbis*:

> Art. 9º A base de cálculo do imposto é o preço do serviço.
> § 1º Quando se tratar de prestação de serviços sob a forma de trabalho pessoal do próprio contribuinte, o imposto será calculado, por meio de alíquotas fixas ou variáveis, em função da natureza do serviço ou de outros fatores pertinentes, nestes não compreendida a importância paga a título de remuneração do próprio trabalho.

Nessa esteira, uma infinidade de processos foram ajuizados em todo o país, no intuito de discutir qual deveria ser a correta base de cálculo do ISS, haja vista o número excessivo de municípios que decidiram prescrever em suas leis locais que a base de cálculo do ISS seria o preço do serviço.

Adiantamos que, no nosso sentir, a tese encontra respaldo em todo o arcabouço jurídico pátrio, tanto que vários tribunais decidiram que os municípios deveriam aplicar um valor fixo para a cobrança do ISS.

Lamentavelmente, ao chegar às instâncias superiores, STJ e STF, a tese não encontrou guarida. O STF, em inúmeras decisões, entendeu que mesmo com o argumento de que havia violação a artigos da CF/88, não se estaria diante de caso em que o guardião da Constituição Federal devesse se manifestar, pois a matéria de fundo seria eminentemente infraconstitucional.

Por outro turno, o STJ, ao apreciar o mérito, acolheu o argumento de que as estruturas dos cartórios em muito se parecerem com verdadeiras empresas, razão pela qual não poderia seu titular gozar da benesse tributária.

Afirmamos, vez mais, apesar de respeitarmos, que discordamos veementemente de tal posicionamento. Contudo, considerando que se trata de uma realidade, temos que enfrentar um novo desdobramento para a questão: se o ISS pode efetivamente ser cobrado sobre a atividade notarial e registral, bem como a base de cálculo não necessita ser um valor fixo, tal como ocorre com outros profissionais autônomos que desenvolvem seus trabalhos tendo responsabilidade pessoal sobre estes, pode a base de cálculo do ISS, sendo o preço do serviço, sofrer deduções?

Esse, o escopo do estudo que ora apresentamos. Uma reflexão sobre a possibilidade da dedução de determinados valores sobre a base de cálculo do ISS cobrado dos Tabeliães e Oficiais de Registro. E, ainda, a conclusão de que, para as "estruturas enxutas", o ISS deverá ser cobrado por meio de valor fixo.

8.2 ISS: breve histórico, previsão constitucional e legislação atinente

O imposto sobre serviços de qualquer natureza – ISS –, também mencionado pelas siglas ISQN ou ISSQN, como o próprio nome diz, é o imposto que incide quando há a prestação de um serviço, sendo contribuinte do tributo o prestador do serviço. Seu surgimento na legislação brasileira ocorreu em 1965, com a Emenda nº 18, para substituir o antigo Imposto de Indústria e Profissões.

Na Constituição Federal de 1988, o ISS está previsto no art. 156, III, nos seguintes termos:

> Art. 156. Compete aos Municípios instituir imposto sobre:
> (...)
> III – serviços de qualquer natureza, não compreendidos no art. 155, II, definidos em lei complementar.

Destarte, a competência para a instituição e cobrança do ISS é dos Municípios e do Distrito Federal. Assim, cada um dos entes acima citados que queira cobrar o ISS haverá de editar uma lei própria, instituindo a exação.

Isto porque, como se sabe, a CF/88, não cria tributos. Apenas prescreve qual pessoa jurídica de direito público pode instituir e cobrar determinado tributo.

Contudo, seguindo ainda o que reza a norma constitucional prescrita no art. 156, III, parte final, caberá à lei complementar definir os serviços. Assim, há legislação em âmbito nacional que traça as regras gerais do Imposto sobre Serviços de Qualquer Natureza.

Pois bem. Antes do advento da Lei Complementar nº 116/2003, o Decreto-Lei nº 406/68 era o diploma legal que tratava das normas gerais do ISS, diploma este recepcionado pela CF/88 com *status* de lei complementar.

Em 2003, com a edição da Lei Complementar nº 116/2003, novas regras gerais sobre o ISS foram introduzidas no ordenamento jurídico brasileiro. E novos serviços foram incluídos no rol de serviços tributáveis, dentre eles os serviços prestados por tabeliães e oficiais de registro.

Feita a contextualização, partiremos para a análise do tema.

8.3 Base de cálculo do ISS: diferença entre "receitas" e "entradas financeiras" e necessidade de aplicação das deduções

Primeiramente, cumpre-nos trazer a definição de base de cálculo dada pela doutrina. Com maestria, Paulo de Barros Carvalho define a base de cálculo da seguinte forma:

> Temos para nós que a base de cálculo é a grandeza instituída na consequência da regra-matriz tributária, e que se destina, primordialmente, a dimensionar a intensidade do comportamento inserto no núcleo do fato jurídico, para que, combinando-se à alíquota, seja determinado o valor da prestação pecuniária. Paralelamente, tem a virtude de confirmar, infirmar ou afirmar o critério material expresso na composição do suposto normativo. A versatilidade categorial desse instrumento jurídico se apresenta em três funções distintas: a) medir as proporções reais do fato; b) compor a específica determinação da dívida; c) confirmar, infirmar ou afirmar o verdadeiro critério material da descrição contida no antecedente da norma." (1997, p. 219).

Após a definição acerca do instituto jurídico "base de cálculo" de forma geral, passemos à análise da doutrina que trata especificamente da base de cálculo do ISS.

Aires Fernandino Barreto ensina-nos sobre o ISS e sua base de cálculo, *verbis*:

> Examinando a questão de prisma positivo tem-se que a base de cálculo do ISS é o preço do serviço, nele (preço) incluído tudo o que for pago pelo tomador (utente, usuário) ao prestador, desde que provenha da prestação de serviços. Essa providência determina-se pela precisa identificação do negócio jurídico desencadeador das receitas. Vista de ângulo negativo, **tem-se que a base de cálculo do ISS não inclui – não pode incluir – valores que decorrem de negócios outros, inconfundíveis com a prestação de serviços.**
> (...)
> É ilegal (*rectius, inconstitucional*), assim, a inclusão de valores correspondentes a negócios paralelos, distintos da prestação de serviços, na base de cálculo do ISS.

> (...)
> **A base de cálculo do ISS, salvo exceções adiante examinadas, é o preço do serviço, vale dizer, a receita auferida pelo prestador como contra-partida pela prestação do serviço tributável pelo Município ou pelo Distrito Federal ao qual cabem os impostos municipais** (...). **Receita auferida pelo prestador que não corresponda à remuneração pela prestação de serviços de competência dos Municípios não poderá ser tomada como base de cálculo do ISS, pena de desfigurá-lo** (2003, p. 298, sem grifos no original).

Importantíssima, e mais do que pertinente as lições de Aires Fernandino Barreto, alertando para o fato de que tudo aquilo que o prestador recebe do tomador de serviços que não tenha a ver com a prestação do serviço propriamente dita, não pode servir para compor a base de cálculo do ISS.

Ainda sobre o tema, precisamente sobre a base de cálculo do ISS para os serviços prestados por tabeliães e oficiais de registros, colacionamos valiosos ensinamentos de Francisco Ramos Mangieri e Omar Augusto Leite Melo, *verbis*:

> O problema é definir o que seja a receita bruta do cartório. Sobre o tema, interessante observar julgado do Superior Tribunal de Justiça - STJ sobre os serviços de agenciamento de mão-de-obra temporária, cujo raciocínio, entretanto, pode ser muito bem aplicado à hipótese em estudo, *mutatis mutandis*, que fez importante distinção entre receita e mera entrada financeira: - **Receita**: é a entrada que incrementa o patrimônio do contribuinte; - **Entrada financeira**: valores que apenas transitam temporariamente pelo caixa do contribuinte para depois serem repassados aos seus verdadeiros titulares. Essa é a

tendência da doutrina e jurisprudência em nosso país. (MANGIERI, MELO, 2008. p. 51/52, grifamos).

Ou seja, aquilo que se chama de **receita** é a entrada que efetivamente pertence aos Tabeliães e Oficiais de Registro. Por outro lado, **entradas financeiras**, são valores que apenas passam pelo caixa daqueles. No entanto, em seguida são repassados aos efetivos titulares dos recursos financeiros.

Cabe trazer à baila o que ocorreu no município de Bauru/SP. O legislador do referido município, atento à distinção entre **receitas** e **entradas financeiras**, fez constar na Lei Municipal nº 5.077/2003, em seu art. 12, § 4º, *verbis* (doc. 03):

> Art. 12.
> (...)
> § 4º. O ISSQN previsto no item 21.01, Tabela I, anexa à presente Lei, somente incidirá sobre os valores dos emolumentos recebidos a título de remuneração para si próprios pelos oficiais de registros públicos, cartorários e notariais.

Tribunal de Justiça do Estado de São Paulo não discrepa desse entendimento. Vejamos:

> TJSP
> INCIDENTE DE INCONSTITUCIONALIDADE N. 185.740-0/8-00 – SANTA FÉ DO SUL
> SUSCITANTE: 15ª CÂMARA DE DIREITO PÚBLICO DO TRIBUNAL DE JUSTIÇA DE SÃO PAULO
> AÇÃO DECLARATÓRIA – Incidência do ISS sobre os serviços de registros públicos, cartorários e notariais, a teor da Lei Complementar 116/03 e Lei Municipal 93/03 – Atividade privada – Receita bruta que

não servir como a grandeza do elemento tributário quantitativo – Base de cálculo do ISS que deve ser, tão--somente, o valor auferido pelo oficial delegatário, daí estando excluídos, por óbvio, os demais encargos a ele não pertencentes – Artigo 236, *caput*, da Constituição Federal – Arguição acolhida, para conferir á Lei Complementar Municipal 93/03, do Município de Santa Fé do Sul, interpretação conforme a Constituição Federal – INCIDENTE DE INCONSTITUCIONALIDADE PROCEDENTE.

(...)

Trata-se de INCIDENTE DE INCONSTITUCIONALIDADE levantado em sede de Apelação Cível pela Egrégia 15ª CÂMARA DE DIREITO PÚBLICO DO TRIBUNAL DE JUSTIÇA DE SÃO PAULO, visando à apreciação da constitucionalidade *da incidência do ISS nos serviços de registros públicos, cartorários e notariais, a teor da Lei Complementar 116/03 e Lei Municipal 93/03, a pretexto de tratar-se de atividade privada, cujo preço total deve ser a base de cálculo para a tributação (fls. 104/109)* (fl.119).

(...)

Dispondo, a Lei Municipal 93/03, em seu art. 36, caput e § 1º, que a base de cálculo do ISS é o preço dos serviços, adotando este como a receita bruta a ele correspondente (fls. 22/23), levanta, a Colenda Câmara suscitante, que *esta receita bruta não pode servir como a grandeza do elemento tributário quantitativo, na espécie, eis que os emolumentos atinentes ao custo dos serviços notariais e de registro são integrados, não só pela remuneração reservada ao oficial delegatário, como também pela receita do estado oriunda do processamento da arrecadação e fiscalização, pela contribuição à Carteira de Previdência das Serventias não Oficializadas da Justiça Estadual, pelos valores destinados à complementação da receita mínima das serventias deficitárias, bem como pelos valores destinados ao Fundo*

Especial de Despesa do Tribunal de Justiça, segundo o artigo 19 da Lei Estadual nº 11.331/02.
(...)
Mesmo em face da circunstância de que uma determinada atividade envolva prestação de serviços, sempre será necessário o exame do fundamento jurídico do auferimento da receita gerada pela citada atividade, denotando-se a impossibilidade de se abarcar todas e quaisquer receitas que venham a ser auferidas por pessoas, físicas ou jurídicas, mesmo que as que, por hipótese, só se dediquem à prestação de serviços. Uma prestação de serviço à qual não corresponda nenhuma contraprestação a cargo do tomador, ou usuário, não equivalente ao conceito de serviço tributável pelo ISS, porque, para a composição deste, a presença do aspecto quantitativo, correspondente àquele eleito pelo legislador (preço do serviço), é essencial. Somente quando surgir o direito à contraprestação do tomador por seus serviços (ou, visto de outro ângulo, quando surgir, para este, o dever de pagar o preço) ter-se-ão realizados os aspectos material, temporal e quantitativo do fato tributário (aos quais devem ser agregados os aspectos pessoal e espacial).
(...)
Conclusivamente, é mesmo caso de se reconhecer que a legislação municipal de Santa Fé do Sul viola o artigo 150, inciso VI, alínea "a", da Constituição Federal.
Daí por que de rigor a procedência do presente Incidente de Inconstitucionalidade, para conferir à Lei Complementar Municipal 93, de 19 de dezembro de 2003, do Município de Santa Fé do Sul, interpretação conforme a Constituição Federal nos exatos termos ora alinhavados, determinando-se retornem os autos à C. Câmara para que prossiga no julgamento do apelo. (SÃO PAULO, 2011).

Na mesma esteira, o Tribunal de Justiça do Estado do Rio Grande do Sul, *verbis*:

> TJRS
> (...)
> Os notários e tabeliães apenas arrecadam em nome do Estado (titular do tributo) as taxas devidas em razão do serviço público prestado (de-legação da função de arrecadar), mas delas não são titulares. Artigo 7º, caput e § 3º, do CTN.
> O que é assegurado aos agentes delegados é apenas uma "parcela" dos emolumentos e custas adimplidos pelas pessoas que utilizam os serviços de cartório e de registro, sendo esta a sua remuneração (o preço do serviço), base de incidência do ISSQN (RIO GRANDE DO SUL, 2008).

E, como bem lembra a decisão do TJRS, prescreve o CTN em seu art. 7º, § 3º, *verbis*:

> Art. 7º A competência tributária é indelegável, salvo atribuição das funções de arrecadar ou fiscalizar tributos, ou de executar leis, serviços, atos ou decisões administrativas em matéria tributária, conferida por uma pessoa jurídica de direito público a outra, nos termos do § 3º do artigo 18 da Constituição.
> (...)
> § 3º Não constitui delegação de competência o cometimento, a pessoas de direito privado, do encargo ou da função de arrecadar tributos.

Ou seja, os valores que são repassados aos entes públicos não podem compor a base de cálculo do ISS.

Ainda sobre o tema da dedução das despesas do serviço da base de cálculo do ISS, ensina Sérgio André Rocha Gomes da Silva:

> (...) apenas o valor da prestação do serviço em si pode ser considerada base de cálculo do ISS, não podendo ser considerado como tal qualquer dispêndio incorrido pelo prestador do serviço, e posteriormente recebido por este a título de reembolso. Por outro lado, a existência de atos regulamentares da Administração Pública, ampliando a base de cálculo e o fato gerador do imposto (...) é absolutamente inconstitucional, sendo ato praticado com abuso de poder, na modalidade de excesso de poder. (SILVA, 2000, p. 100).

8.4 Sobre os cartórios com estruturas "enxutas" e o direito da cobrança do ISS por meio de valor fixo

Cabe ainda neste breve arrazoado dizer que para os cartórios em que a estrutura seja "enxuta", ou seja, aqueles em que o Tabelião e o Oficial de Registro sequer contam com colaboradores para exercer a atividade fim do Tabelionato e do Ofício de Registro, inquestionável o direito desses operadores do direito de serem tributados pelo ISS com o pagamento de valor fixo, prescrito em lei municipal.

Trata-se de decorrência lógica após a interpretação dada pelos tribunais pátrios ao caso. Vez mais vejamos a exegese dos tribunais acerca dos cartórios em que os tabeliães e oficiais de registro possuem estrutura com prepostos que realizem a atividade fim destes:

> TJSC
> (...) importante destacar a existência de outros aspectos que envolvem a atividade prestada (...) que a qualificam ou pelo menos a assemelham a elemento de empresa, de maneira a justificar, outrossim, a impossibilidade de cobrança de ISS na forma fixa e a autorizar a aplicação do regime geral. (SANTA CATARINA, 2009).

Ora, se assim o é, certamente que quando estivermos diante de estruturas pequenas nas quais não se configure a existência do elemento de empresa, não há como impossibilitar a utilização do favor legal da cobrança do ISS por meio de valor fixo.

Voltamos a afirmar que respeitamos a posição do STJ, todavia discordamos veementemente! Entendemos que **todos** os tabeliães e oficiais de registro teriam sim o direito de serem tributados pelo ISS sobre um valor fixo, estabelecido em lei municipal, dada a responsabilidade pessoal que têm sobre a prestação dos serviços, dentre outros tantos argumentos.

Em outras oportunidades já escrevemos sobre o tema, inclusive emitimos diferentes pareceres analisando objetivamente a legislação de diversos municípios no estado de Santa Catarina.

Ou seja, o presente estudo só foi levado a cabo por conta da realidade encontrada pelos tabeliães e oficiais de registro, após os julgamentos das ações que versavam sobre a matéria, como já dito alhures.

8.5 Conclusões

Diante de tudo que se falou, importante firmarmos duas posições: (i) aos tabeliães e oficiais de registro que tenham estruturas "enxutas", inquestionável que têm o direito de serem tributados pelo ISS por meio da cobrança de valor fixo; (ii) no mais, para os tabeliães e oficiais de registro que tenham um número maior de prepostos, que efetivamente os substituem no exercício de sua atividade fim, entendemos que não devem aceitar a cobrança do ISS sobre a base de cálculo considerada como preço do serviço sem a dedução daquilo que chamamos de **entradas financeiras**, posto que não representam sua capacidade contributiva.

Aceitar a tributação do ISS com a utilização do preço do serviço como base de cálculo, em última análise, significa violar princípios basilares contidos na CF/88, mormente o da capacidade contributiva, insculpido no § 1º do art. 145 da Carta Magna.

Referências

BARRETO, Aires Fernandino. ISS na Constituição e na Lei. Editora Dialética: 2003.

BRASIL. Constituição da República Federativa do Brasil de 5 de outubro de 1988. Disponível em: < http://www.planalto.gov.br/ccivil_03/constituicao/constituicao.htm>. Acesso em 03 set 2014.

BRASIL. Lei Complementar nº 116, 31 de julho de 2003. Dispõe sobre o Imposto Sobre Serviços de Qualquer Natureza, de competência dos Municípios e do Distrito Federal, e dá outras providências. Disponível em: <http://www.planalto.gov.br/ccivil_03/leis/lcp/lcp116.htm>. Acesso em: 03 set 2014.

BRASIL. Lei 5.172, de 25 de outubro de 1966. Dispõe sobre o Sistema Tributário Nacional e institui normas gerais de direito tributário aplicáveis à União, Estados e Municípios. Disponível em: < http://www.planalto.gov.br/ccivil_03/leis/l5172.htm>. Acesso em: 03 set 2014.

CARVALHO, Paulo de Barros. Curso de Direito Tributário. 9. ed. São Paulo: Saraiva, 1997, p. 219.

MANGIERI, Francisco Ramos; MELO, Omar Augusto Leite. ISS sobre Cartórios. Bauru: Edipro, 2008.

SANTA CATARINA. Tribunal de Justiça. Apelação Cível em Mandado de Segurança nº 2008.065407-2, de Lages, Relator Des. Luiz Cézar Medeiros. Data de Publicação: 30/07/2009.

SÃO PAULO. Tribunal de Justiça, Arguição de Inconstitucionalidade nº 994.09.222778-0, da Comarca de Santa Fé do Sul. Data da Publicação: 28 jan 2011

SILVA, Sérgio André Rocha Gomes da. Da ilegalidade da inclusão, na base de cálculo do imposto sobre serviços, do montante das despesas incorridas para a prestação do Serviço. In: Revista Dialética de Direito Tributário nº 54, março de 2000.

RIO GRANDE DO SUL. Tribunal de Justiça. Ação Direta de Inconstitucionalidade nº 70020174314, Rel. Des. Osvaldo Stefanello. Data da publição: 12 maio 2008.

9} A IMPORTANCIA DA ATA NOTARIAL

ROBERTO J. PUGLIESE
OAB/SC 9.059

Nasceu em São Paulo, SP. Foi presidente da OAB, TO-Gurupi, por duas gestões. Preside a Comissão de Direito Notarial e Registros Públicos do Conselho Seccional da OAB/SC. Consultor da Comissão Nacional de Direito Notarial e Registrário da OAB. Entre outras obras publicou em 1989, Direito Notarial Brasileiro. É professor de Direito das Coisas e Direito Notarial. Membro efetivo do Instituto dos Advogados de Santa Catarina. Titular da cadeira nº 35 da Academia Sãojoseense de Letras.

Dedicado à pequena Rafaela,
minha tão querida netinha

9.1 Considerações Iniciais. Histórico

O direito trata-se de ciência viva e em constante adaptação para as exigências sociais. Está sempre em evolução. É sabidamente uma única ciência que, para melhor aplicação, estudo e aprimoramento é dividida em áreas, segundo critérios diversos adotados pelos pesquisadores.

Nesse percurso histórico da humanidade, num determinado momento, as exigências coletivas e sociais, mesmo que rudimentares, impõe o direito para atingir a paz e o justo. E prosseguindo no fantástico caminho da história humana, a ciência jurídica destaca, na amplitude do leque que a constitui, o Direito Notarial que é sabido já presente nas comunidades primitivas, dos Medos, Assírios, Gregos muito antes da era Cristã.[1]

O Direito Notarial trata-se de ramo autônomo da ciência jurídica. Com fundamento em institutos jurídicos que aglutinados permitem no conjunto dar o contorno peculiar que o diferencia de outros ramos jurídicos, ainda que próximos e quase semelhantes, o direito nesse segmento tem sua própria evolução e atinge o patamar que se encontra, evoluído em alguns países, menos noutros.

No Brasil o Direito Notarial tem seu histórico próprio, que o diferencia e o torna peculiar, com sua própria evolução científica que, fundada no direito alhures de tempos anteriores, chega ao patamar que atualmente se encontra.

Vale lembrar que foi em França, através do Decreto de 29 de Setembro de 1791 que o notário teve insumos bastantes para se organizar e evoluir tecnicamente para atingir os termos que hoje é no mundo conhecido, com as peculiaridades de cada lugar.[2]

Desse marco histórico é que surgem as bases do notariado hispânico que influenciou o notariado lusitano e promoveu contornos para que à época áurea dos navegadores, a instituição viesse a se estabelecer nos quatro cantos do mundo, valendo-se de regras e costumes oriundos da Península Ibérica.

---

[1] João Mendes de Almeida Júnior. Órgãos da Fé Pública. Edições Saráiva, São Paulo, 1963.
[2] João Mendes de Almeida Júnior. Órgãos da Fé Pública. Edições Saráiva, São Paulo, 1963

Assim, coube ao Escrivão da Armada, Pero Vaz de Caminha redigir ao trono português a descoberta de Cabral e assinalar em suas notas, a solene posse da terra formalizada para o reino em Porto Seguro. O notário chegou ao Brasil e se estabeleceu com o descobrimento, registrado aos 22 de abril de 1500 da Era Cristã.

O tabelião na América cumpriu missão honrosa, registrando para a história, os grandes acontecimentos que se perpetraram desde as ilhas caribenhas até a costa latina meridional. Merece lembrar que o europeu conquistador trouxe a espada para se impor, a cruz com as bênçãos papais e a pena do tabelião.[3]

A posse da terra, àquela época, era registrada, como mandavam as leis, através de requerimento, através do qual o expedicionário perguntava em voz alta se havia alguém que reclamasse os direitos possessórios da terra. Nessa solenidade era ultimada a possessão em nome do monarca a quem o tabelião servia.

Também eram os notários que assentavam o ato de fundação de cidades, os desembarques, conquistas e posse nas Colônias, sempre em nome do rei.

> Era na verdade a fundamentação do título de posse das terras americanas. Naquela época, entretanto, o tabelião ou escrivão deveria notificar um descobrimento, não tendo no entanto consciência do valor desse documento no direito internacional, até o momento em que se iniciou a disputa pela posse da terra por parte de Portugal Espanha e até mesmo a França, Holanda e Inglaterra.[4]

---

[3] Maria Cristina Costa Salles. As Origens do Notariado na América. Revista Notarial Brasileira nº1 - 1974

[4] Maria Cristina Costa Salles. As Origens do Notariado na América. Revista Notarial Brasileira nº1 - 1974

Assim é que o notário se estabeleceu nos primórdios, embasado no regime jurídico português, seguindo ao longo do tempo, os peculiares caminhos que a história do Brasil impôs à sociedade. Cumpriu formalidades impostas pelas Ordenações Filipinas e regras tais trasladadas da metrópole para a Colônia que surgia. Durante o Reino Unido de Portugal, Brasil e Algarves o notariado brasileiro aprimorou suas funções, valendo-se da Corte se encontrar no território americano. No período imperial pouco mudou, salvo a larga expansão de seus cargos, cuja nomeação, mesmo por indicação política local, sempre decorria de ato do governo central.

Mudanças radicais vieram acontecer com a promulgação da Constituição Federal de 1946, que estabeleceu o concurso público para todos os cargos previstos em lei, inclusive notários e registradores. Na essência, no entanto, pouco mudara, pois o ordenamento fundamental da instituição notarial permanecia o editado pelas Ordenações do Reino, já que carecia, ainda, de regramento próprio.

Somente recentemente com a edição da Magna Lei de 5 de outubro de 1988, o notariado brasileiro, em evidente avanço, sem perder as características próprias tradicionais do notariado latino, veio a adquirir a atual condição e a sua natureza jurídica que o ordenamento legal lhe impôs.

9.2 Natureza Jurídica do Notariado. Breves Considerações.

O notariado se encontra organizado em tipos classificados pelos doutrinadores. No mundo moderno, complexo e dinâmico, levando em consideração as peculiaridades dos povos, a posição da economia macro e micro, o grau sócio político de suas organizações, a qualidade de vida e todo o aparato que envolve aspectos dos mais diversos para dimensionar-se a cultura local, se inclui o notariado nessa avaliação, definindo-se por suas principais características qual o tipo dessa organização em determinada sociedade.

Atualmente os estudiosos estabelecem quatro espécies: Notariado tipo Anglo-Saxão; Notariado tipo Administrativo; Notariado tipo Liberal e Notariado tipo Latino.

Conforme lição de Antonio Augusto Firmo da Silva, sabido notário de São Paulo, o tipo mais primitivo é o Anglo-Saxão, cuja função se resume à redação de documentos, autenticação de letras, constatação de fatos, nem sempre guarnecendo esses atos praticados em notas sob suas expensas.[5] Notários dessa espécie não dispõem de fé pública e seus atos exigem a homologação judicial. Os atos e solenidades de suas práticas não estão regulados oficialmente.

A maioria dos países colonizados pela Inglaterra, especialmente os Estados Unidos, adotam esse regime notarial, dadas as influencias históricas e culturais de suas colonizações.[6]

O Notariado Administrativo é o tipo adotado por países de regime políticos totalitários, cujos agentes são funcionários públicos, burocratas, integrantes da administração, que percebendo remuneração estatal, exercem suas funções autenticando a vontade privada como representante do Poder Público.[7]

---

[5] Antonio Augusto Firmo da Silva. Compendio de Temas sobre Direito Notarial. José Bushatsky, Editor. 1979
[6] João Mendes de Almeida Júnior. Órgãos da Fé Pública. Edições Saráiva, São Paulo, 1963
[7] Roberto J. Pugliese. Direito Notarial Brasileiro. Leud, 1989.

Países comunistas ou que por longo tempo se submeteram a esse regime, com destaque os situados na *Cortina de Ferro* no *Leste Europeu*, e os países nórdicos mantém notários com essas características.

"Na Escandinávia, por tradição e influência teuta, o notário é funcionário do Estado, sendo as vezes, espécie de Juiz-certificante, integrante de Tribunal ou Conselho encarregado da função."[8]

O mais evoluído é o Notariado Liberal. São encontrados em alguns estados norte americanos, em alguns países asiáticos e no Uruguai. Pelas características se aproximam do tipo Latino. Nos países cuja legislação adota o notário profissional liberal, permite que exerçam a advocacia concomitantemente e os coloca fora da órbita do Poder Público. São agentes privados a serviço do Poder Público. Não integram corporação própria e suas credenciais são requeridas junto ao Estado indefinidamente, sem qualquer previsão de limitação desses agentes.[9]

Os países de origem latina que seguem o direito herdado dos romanos, especialmente o Direito Notarial luso espanhol, inclusive o Brasil, com variações próprias de cada sociedade, as vezes bem acentuadas[10], adotam o Notariado tipo Latino.

As principais características do notário tipo Latino, segundo alguns autores, são a manutenção da configuração tradicional do notário como conselheiro perito e assessor de direito; receptor e intérprete da vontade das partes, redator dos atos e contratos que deve levar e portador de fé dos fatos e declarações

---

[8] Roberto J. Pugliese. Direito Notarial Brasileiro. Leud, 1989.
[9] Roberto J. Pugliese. Direito Notarial Brasileiro. Leud, 1989.
[10] José Adriano Negri.Evolucion Del Notariado Argentino. Revista Del Notariado. Buenos Ayres, s.d.

que se passem ou se façam em sua presença; exigência para o exercício da função notarial de estudos universitários de Direito, em toda a sua extensão, comprovados com o diploma de bacharel em direito ou de título que corresponda a disciplinas análogas, acrescida da especialização e prática da função; limitação do número de notários estritamente de acordo com as necessidades públicas em cada jurisdição, distrito ou circunscrição notarial; seleção de ordem técnica e moral para ingressar na função notarial pelo sistema de concurso de provas e de títulos; garantia de inamovibilidade para o titular enquanto tiver boa conduta; autonomia institucional do notariado, com seu governo e disciplina a cargo de organismo corporativo próprio; remuneração do notário pelo cliente pelo sistema de tabelas legais e com garantia de meios descentes para a subsistência; e aposentadoria facultativa por antiguidade, doença, ou limite de idade[11].

Certo é que, independente do tipo, e em todo o lugar, no século XXI se exige a presença do notário, como outrora, os Assírios primitivos ou os Tibetanos medievais, e a Igreja Católica que sempre fizeram desses agentes, órgãos indispensáveis para o sucesso de suas organizações sociais públicas ou privadas.

> Mesmo nos regimes sociais em que a noção do Direito público ou a noção do Direito privado, não foi devidamente valorizada, e ainda entre os que não chegaram a compreender os princípios em que se assenta a necessidade formal de que se exteriorize de modo artístico os atos jurídicos, se procura um poder que constate e certifique, que dê garantia para o uso e eficácia dos direitos.[12]

---

[11] Antonio Augusto Firmo da Silva. Compendio de Temas sobre Direito Notarial. José Bushatsky, Editor. 1979

[12] Antonio B Cano – apud Antonio Augusto Firmo da Silva, Compendio de Temas sobre Direito Notarial. José Bushatsky, Editor. 1979

E nesse prumo, com os efeitos jurídicos decorrentes da Carta Constitucional vigente, foi promulgada legislação própria ordenando a instituição notarial e regulando a norma fundamental, sem que com essa normatização o notariado brasileiro fugisse às características do tipo Latino tradicional.

Com a regulamentação, as atividades notariais foram melhor definidas e vigoram dando maior segurança aos agentes e aos utentes.

9.3 Dos Atos Notariais

A lei federal nº 8.935, de 18 de Novembro de 1994, dispõe sobre os serviços notariais e de registros, definindo a natureza desses agentes, suas competências e atribuições, as atividades e responsabilidades e outras disposições, provendo após quase quinhentos anos de exercício desses agentes no Brasil, a lacuna até então existente.

A lei, que veio regular os ditames constitucionais pertinentes ao notariado, especialmente o artigo 236 da Ordem Maior, foi textualmente objetiva e clara no artigo 6º no sentido de atribuir aos notários a função de formalizar juridicamente a vontade das partes, intervir nos atos e negócios jurídicos a que as partes devam ou queiram dar a forma legal ou autenticidade, autorizando redação ou redigindo instrumentos adequados, conservando os originais e expedindo cópias de seu conteúdo e autenticar fatos.

Com bastante didática estabelece três espécies de notários, de modo a prever atribuições próprias aos Tabeliães de Protestos, aos Tabeliães de Contratos Marítimos e aos Tabeliães de Notas.[13]

---

[13] Walter Ceneviva – Lei dos Notários e Dos Registradores Comentada. Editora Saráiva, 2002.

Assim, ao que antes era fruto da tradição histórica advinda das Ordenações do Reino e aperfeiçoada pelos costumes, foi dada juridicidade e legalidade expressa. As atividades dos Notários e Registradores, cujos limites até então eram definidos por atos administrativos ou judiciários, passaram apenas a proverem lacunas raras, não abrangidas pela legislação que passou a regular a matéria.

Através do novel diploma legislativo se definiu com clareza que aos Tabeliães de Notas, com exclusividade, compete a lavratura de Escrituras e Procurações Públicas; lavrar Testamentos Públicos e aprovar os Testamentos Cerrados; lavrar Atas Notariais; Reconhecer Firmas e Autenticar cópias.

Fica expressamente atribuído a esses agentes a prática desses atos, conferindo-lhes exclusividade para tanto, inclusive, assegurando-lhes o direito desse exercício, independente do domicilio das partes e situação dos bens objeto do ato ou negócio. No entanto, vale atentar-se que a prática desses atos é vedada fora do município para o qual recebeu a delegação.

A novidade maior, no entanto, observa-se, é a lavratura de Atas Notariais, já que as demais atividades expressas, tradicionais no direito brasileiro, sempre foram do conhecimento da sociedade e prática desses agentes.

As Atas Notariais, de relevante importância para a sociedade, entram no mundo jurídico brasileiro e merecem destaque.

9.4 Atas Notariais

O termo ata, para o mundo das expressões humanas, traz certa dificuldade para sua conceituação por tratar-se de palavra polissêmica, com vários sentidos léxicos. Para os filólogos o termo apresenta inúmeras inteligências.

Limitando-se ao universo jurídico, ata pode ser definida como um repositório de fatos, ou registros de acontecimentos, de modo que, não será exagero, afirmar-se que *" a ata é uma das primeiras formas de manifestação documental que o homem criou."*[14]

Historicamente é sabido que as Atas Notariais são instrumentos públicos confeccionados por Notários de todos os quadrantes da terra desde épocas que se perdem pelos tempos imemoráveis da humanidade. Seu nascimento se confunde com a origem da escrita, sendo certo que o Direito Romano veio a popularizá-la.[15]

No continente americano as Atas Notariais remontam ao seu descobrimento, sendo que a primeira delas foi lavrada por Rodrigo de Escobedo, Tabelião do Consulado do Mar, um dos 82 homens da expedição capitaneada por Colombo. Este notário, narrou com precisão as aventuras vividas pelos corajosos navegadores e à semelhança de outros Tabeliães que acompanhavam expedições pelos mares desconhecidos, cumpriu o papel de noticiar, tornar pública e dar fé, consolidando juridicamente a posse ultimada em nome do monarca espanhol das terras encontradas no Caribe.[16]

No Brasil, o mesmo se deu com o instrumento lavrado por Pero Vaz de Caminha, já assinalado alhures, porém, diferentemente das demais colônias americanas, especialmente as espanholas, não houve desenvolvimento desse instituto jurídico que somente

---

[14] Regnorberto Marques de Melo Júnior – Nótulas em Torno da Ata Notarial Brasileira. Ata Notarial,IRIB, SAFE,2004.
[15] Regnorberto Marques de Melo Júnior – Nótulas em Torno da Ata Notarial Brasileira. Ata Notarial,IRIB, SAFE,2004.
[16] José Flávio Bueno Ficher e Karin Regina Rick Rosa – Ata Notarial e as Novas Tecnologias. IRIB, SAFE, 2004.

com a promulgação da Constituição Federal em vigor veio a ser reconhecido e integrar-se às atividades do Tabelião brasileiro.

Com fundamento na fé pública notarial as lavraturas dessas atas são de importância impar, pois de modo célere, extrajudicialmente, produzem provas para instrução de pleitos em defesa de direitos próprios e coletivos dos utentes e da sociedade.

Atas Notariais são instrumentos de lavra exclusiva dos Tabeliães de Notas, semelhantes ao o *Acter Authentiqueas*, do direito francês; a *Acta Legalizada* ou *Escritura Notarial* da Espanha; com o *Deed* dos países da Comunidade Britânica, com o *Akte* da Alemanha[17] ou Atas de Notoriedade previstas no ordenamento jurídico de vários países da América Hispânica, ou as *Actas de Notoriedad* previstas no direito argentino e as *Actas* do Uruguai.

Numa síntese estreita, permite-se dizer que as Atas Notariais lavradas pelos Tabeliães, devem ser requeridas, pelo interessado que é identificado e esteja no exercício dos poderes civis, ou pelo seu representante legal, tendo por objeto a certificação de alguma ação natural ou humana, para sua perpetuação e comprovação judicial ou extrajudicial para os fins de seu interesse particular ou coletivo. Seu conteúdo faz prova.

Interessante recordar que certas ocorrências que dão origem a direitos, são consideradas fatos jurídicos, que podem provocar efeitos em atos ou negócios de importância para o direito. Esses fatos jurídicos quando exigem comprovação, o utente pode se valer da Ata Notarial, à semelhança da tradicional ação judicial de *vistoria ad perpetuam rei memoriam*. A diferença que a ata terá procedimento extra judicial célere, imediato e revestido

---

[17] Regnorberto Marques de Melo Júnior – Nótulas em Torno da Ata Notarial Brasileira. Ata Notarial, IRIB, SAFE, 2004.

da fé pública notarial, enquanto a vistoria, será burocrática, com as formalidades inerentes aos entraves judiciais e de larga demora no tempo que nessas situações exige rapidez, além do custo, por razões óbvias, bem superior.

Nessa linha, conveniente o socorro do saudoso Tabelião Albergaria, comentando a Lei dos Notários e Registradores:

> Pode, pois, o notário autenticar fatos jurídicos, sejam eles naturais ou voluntários. Exemplo: o notário pode ser chamado para registrar em suas notas que um raio, atingindo um prédio, tornou imprestável seu uso pelo locatário, e, com base nesse registro notarial, irá ele postular em juízo a rescisão do contrato de locação. Aí está um fato jurídico natural que acarreta consequências jurídicas. Um notário pode ser solicitado para comparecer a uma assembleia condominial em que assuntos nela a ser decididos podem comprometer os direitos de condômino que solicitou o comparecimento do notário, para que este registre em suas notas a ocorrência desses fatos. Esses fatos são fatos jurídicos voluntários.[18]

Assim, são inúmeras as justificativas que podem trazer ao Tabelião de Notas o pedido no sentido de lavra de Ata Notarial. Decorre então que os estudiosos estabelecem classes dessas atas valendo-se de critérios que variam de um para outro notarialista.

Com fundamento na doutrina alienígena, já que o instituto jurídico no país ainda gatinha nos seus primeiros anos de reconhecimento pela ordem jurídica pátria, o registrador Leonardo Brandelli, aponta as classes que esses instrumentos

---

[18] Antonio Albergaria Pereira. Comentários à Lei 8.935 – Serviços Notariais e Registrais. EDIPRO, 1995.

podem ser catalogados face a natureza e objeto. Menciona o ilustre Registrador de Jundiaí: " *Atas de protocolização, que consiste na incorporação de um documento ao protocolo notarial*", cuja serventia no Brasil é prejudicada, pois para essa finalidade, os registradores de títulos e documentos podem fazer a função; "*atas de depósito, através das quais os notários recebem em depósito coisas, documentos ou valores*", também sem utilidade no direito pátrio, posto tratar-se de contrato regulado no Código Civil; "*atas de presença, através da qual o tabelião narra algo por ele presenciado, sem influir no desenvolvimento do fato*"; "*atas de notificação, pela qual alguém é notificado*" cuja valia não tem serventia no direito brasileiro, pela existência de registrador habilitado para tanto; "*atas de notoriedade, para que fixe fatos notórios; atas de subsanação para sanar erro material ou omissão contida no instrumento notarial*", muito discutida essa prática, com notários que aceitam e outros que exigem a retificação expressa das partes para essa correção ou ratificação para que se inclua o que fora omitido através da lavratura de instrumento público de idêntica natureza.[19]

Não será demasiado anotar-se que são incontáveis as Atas Notariais que podem ser lavradas pelos notários brasileiros diante de circunstancias peculiares. O importante é fazer constar minuciosamente no instrumento o que o Tabelião através dos próprios sentidos tenha observado, sentido, visto, ouvido tais como cheiro, paisagem, destruição, imagens, sons, barulhos enfim, acrescentando o horário e a data de modo pormenorizado, para que surta os efeitos previstos pelo utente, em juízo ou fora dele.

A Ata Notarial é, pois, um instrumento jurídico para comprovação de fatos de interesse particular, privado, público,

---

[19] Leonardo Brandelli. Atas Notariais. Ata Notarial,IRIB, SAFE,2004.

coletivo, individual e da sociedade, que haverá de se estribar na fé pública notarial. Sua elaboração seguirá a forma usual das escrituras, porém, salvo o pedido formulado pelo utente, no mais, constará apenas a certificação do agente daquilo que presenciou. Daí, importante frisar que se trata de ato notarial cuja lavratura se dê a qualquer dia ou hora, sempre, no entanto, nos limites territoriais da competência do Tabelião de Notas que a redigiu.

Merece salientar igualmente que esses instrumentos não se confundem com as tradicionais Escrituras Públicas. Ainda que a forma se assemelhe, estas se valem da declaração dos comparecentes e a Ata Notarial se presta pelo testemunho do Notário.

"O principal elemento de distinção entre as escrituras públicas e as atas notariais consiste na existência ou não de manifestação de vontade a ser captada e moldada juridicamente pelo notário".[20]

Na Escritura Pública o Tabelião recebe a manifestação de vontade, voltada para concretizar um ato jurídico e valendo-se da sua habilitação, promove a adequação dessa vontade aos ditames jurídicos válidos, prestando seu assessoramento profissional.

> "Concebe-se a FUNÇÃO DE LEGALIZAÇÃO pelo fato de que o notário não é simples receptor de negócios jurídicos, encarregado de dar-lhes uma forma escrita e imprimir-lhes autenticidade, mas o profissional competente, realizando a primeira etapa de transcendental importância para a eficácia dos mesmos, com a adequação à lei, enlaçando o ato com a norma de direito aplicável, através de três operações, a saber: I – a adaptação do ato á norma; II – a confrontação do ato com a norma; III – a declaração autêntica de achar-se a primeira conforme á segunda".[21]

---

[20] José Henrique Goma Salcedo. Derecho notarial. Madrid: Dikinson, 1992
[21] Pedro de Castro Júnior. Profissão de Escrevente Habilitado. Funções Notariais. São Paulo, 1961.

De outra parte, a lavratura da Ata Notarial não exige do tabelião essa função de legalização. Exige identificar o requerente, mas a elaboração do instrumento limita-se a narrar, com força de seus próprios sentidos, um fato presenciado, sem qualquer qualificação jurídica e sequer se preocupar em moldá-lo aos ditames normativos da ordem jurídica válida e sem expressar qualquer juízo de valor, que será apreciada pela autoridade administrativa ou judiciária a que for submetida.

Assim, encerrando, merece ser salientado que a prática dos atos notariais, por si, é de elevada valia para comprovação de atos e fatos jurídicos, destacando-se que, nessa incomensurável gama de atribuições desses agentes delegatários do Estado, titulares da fé pública notarial, a Ata Notarial trata-se da mais adequada forma jurídica de comprovação e reconhecimento da existência de fato que deva perpetuar-se para fins de direito.

9.5 Considerações finais

Como visto, mesmo em apertada apresentação, fica nítida a súbita importância para que se perpetuem os fatos naturais ou humanos e revestidos da peculiar certificação notarial, sirvam esses conteúdos redigidos pelos Tabeliães de Notas como provas juridicamente hábeis para instrução de pedidos dos mais amplos, junto à administração pública central ou descentralizada, às empresas e fundações públicas e notadamente ao Poder Judiciário.

A importância social é sem dúvida relevante para a perpetuação de acontecimentos que sirvam à constituição de direitos.

Vale advertir que o conteúdo desses instrumentos se perpetuam no tempo, com o caráter probatório carimbado pela fé pública notarial. Porém, não são essas Atas Notariais exaustivas, porquanto, como leciona Pedro A. Alvarez, posto que o ato ou fato nelas descritos, igualmente podem ser comprovados por outros meios juridicamente admitidos.[22]

Até prova em contrário, amparada pelo sistema jurídico brasileiro, a Ata Notarial fará prova, já pré-pronta para servir a demonstrar o direito que o utente pretende, assim amparado pelo texto expresso do artigo 364 do Código de Processo Civil, superando, porém, as certificações administrativas ou judiciais posto a natureza jurídica especial da fé pública notarial, que é pessoal e distinta.

Entretanto, mister que fique claro que essas atas se voltam para fatos de importância jurídica e não servem para substituir a comprovação a realizar-se por intermédio de força probante policial, nos termos do Código de Processo Penal. Esses fatos criminosos são de constatação dos agentes policiais e para suas serventias, seguem os ditames colhidos no Digesto próprio.

A ilicitude civil, administrativa ou de natureza jurídica outra, salvo a de ordem criminal, podem ser certificadas pelo notário através das Atas Notariais, enquanto o ilícito penal, para comprovação, terá seu regime próprio, pois a prática de delito penal em presença de qualquer cidadão, imporá, e assim igualmente ao tabelião de Notas, o dever cívico de impedir a sua concretização e em face das circunstancias, ordenar a prisão, como define o mesmo diploma ritual repressivo.

Enfim, sem delongas, nessas poucas linhas, importante asseverar que a inclusão das Atas Notariais entre as atribuições profissionais do Tabelião de Notas, veio propiciar para a sociedade brasileira, ainda que após longa trajetória de vácuo

---

[22] Pedro Ávila Alvarez. Derecho Notarial, Bosch, 1990

legislativo, prático e operante meio para que de modo econômico e célere, tenha instrumento hábil para a defesa de interesses jurídicos individuais, próprios ou coletivos e coroe com dignidade o elevado mister social da classe desses agentes da fé pública, que munidos dessa competência material, tenham condições legais para certificar no tempo e no espaço, projetando para sempre, atos jurídicos de relevante interesse, até então, de custosos e burocráticos meios para o mesmo fim.

Resta agora a ampla divulgação da indelével importância das Atas Notariais.

Referências

Pedro de Castro Júnior. Profissão de Escrevente Habilitado. Funções Notariais. São Paulo, 1961.

Pedro Ávila Alvarez. Derecho Notarial, Bosch, 1990.

Leonardo Brandelli. Atas Notariais. Ata Notarial,IRIB, SAFE, 2004.

José Henrique Goma Salcedo. Derecho notarial. Madrid: Dikinson, 1992.

João Mendes de Almeida Júnior. Órgãos da Fé Pública. Edições Saráiva, São Paulo, 1963.

Maria Cristina Costa Salles. As Origens do Notariado na América. Revista Notarial Brasileira nº1 – 1974.

Antonio Augusto Firmo da Silva. Compendio de Temas sobre Direito Notarial. José Bushatsky, Editor. 1979.

Roberto J. Pugliese. Direito Notarial Brasileiro. Leud, 1989.

José Adriano Negri. Evolucion Del Notariado Argentino. Revista Del Notariado. Buenos Ayres, s.d.

Antonio B Cano – apud Antonio Augusto Firmo da Silva, Compendio de Temas sobre Direito Notarial. José Bushatsky, Editor. 1979

Walter Ceneviva – Lei dos Notários e Dos Registradores Comentada. Editora Saráiva, 2002.

José Flávio Bueno Ficher e Karin Regina Rick Rosa – Ata Notarial e as Novas Tecnologias. IRIB, SAFE, 2004.

Regnorberto Marques de Melo Júnior – Nótulas em Torno da Ata Notarial Brasileira. Ata Notarial, IRIB, SAFE, 2004.

Antonio Albergaria Pereira. Comentários à Lei 8.935 – Serviços Notariais e Registrais. EDIPRO, 1995.

José Henrique Goma Salcedo. Derecho notarial. Madrid: Dikinson, 1992

Pedro Ávila Alvarez. Derecho Notarial, Bosch, 1990

10}

FUNÇÃO NOTARIAL: DOUTRINA E REFLEXÕES

Roberto J. Pugliese
OAB/SC 9.059

Nasceu em São Paulo, SP. Foi presidente da OAB, TO-Gurupi, por duas gestões. Preside a Comissão de Direito Notarial e Registros Públicos do Conselho Seccional da OAB/SC. Consultor da Comissão Nacional de Direito Notarial e Registrário da OAB. Entre outras obras publicou em 1989, Direito Notarial Brasileiro. É professor de Direito das Coisas e Direito Notarial. Membro efetivo do Instituto dos Advogados de Santa Catarina. Titular da cadeira nº 35 da Academia Sãojoseense de Letras.

Dedicado à memória de meu saudoso pai e mestre.
Sábio notário Francisco Pugliese Júnior.

10.1 Considerações Iniciais

O direito trata-se de uma única ciência distinta das demais que a especulação humana conhece e desenvolveu ao longo da história. No entanto, para melhor aplicação, estudo e aprimoramento da ciência jurídica, o direito, como ciência é dividido em áreas, segundo critérios diversos adotados pelos pesquisadores.

Nesse prumo, fica evidenciado que os ramos do direito são constituídos por elementos salientemente peculiares e singulares a estes, porém sem exclusão e também compondo a organização científica que venha caracterizá-lo, contribuem de modo harmônico igualmente, institutos outros, peculiares a campos jurídicos próximos ou distantes, que em conjunto buscam o mesmo fim, ou seja, a justiça no seu mais amplo sentido.

A singularidade material de determinado instituto jurídico é sempre relativa, como o é também a singularidade que vários institutos possam apresentar para constituírem, em conjunto, um ramo autônomo. Assim, o Direito Notarial trata-se de ramo autônomo do Direito, porque mesmo com toda a relatividade está se considerando que diversos institutos próprios e emprestados de outros ramos, contribuem de forma indelével para que a autonomia pretendida, circunscreva-se e reserve espaço que lhe é peculiar, distinto dos objetivos primários de outros ramos, mesmo tendo como principal finalidade, o objetivo comum em atingir a justiça.

Desse modo, o Direito Notarial surge com fundamento em institutos jurídicos que aglutinados permitem no conjunto dar o contorno peculiar que o diferencia de outros ramos jurídicos, ainda que próximos e quase semelhantes.

Percebe-se nitidamente, mesmo tão próximo, que o Direito Civil, ou Direito Processual, o Direito Judiciário, o Direito Constitucional entre outros ramos do Direito, em momentos colaboram através de institutos jurídicos que lhes são próprios na formação do Direito Notarial, mas no todo, ao final, surge bem distinto destes e de outros, essa parcela do conjunto da ciência jurídica que se constitui no objeto deste estudo.

Com institutos jurídicos emprestados de ramos do direito catalogados como outros, o Direito Notarial passa a existir, sendo assim destacada no rol da ciência jurídica, por ter um objetivo primordial, que o distingui, mesmo tendo o objeto final, que é a justiça, comum aos demais.

E dentro desta órbita jurídica é que se pretende mostrar a finalidade própria peculiar e sua necessidade, expondo que existem funções que lhe são peculiares e inconfundíveis.

Importante, pois demarcar a atuação do Direito Notarial de modo a poder, com menos possibilidade de erros, delinear essa área, conferindo assim, com fundamentação, dentro dessas particularidades perceptíveis próprias, o campo que lhe toca para atuar e consequentemente, definir-se sua função no universo amplo e sem limites do direito.

Merece portanto atenção dos estudiosos colher desses objetivos primários e final elementos que demarquem o campo referido e assim, conceitue-se o Direito Notarial para que se permita imprimir a área legítima de sua função especifica e social.

Com esteio nas características particulares e comuns a todos os ramos jurídicos, não será espantoso, perceber que os estudiosos, com o pé firmado numa ou noutra característica que considere preponderante, imprima a conceituação do Direito Notarial com enfoque numa ou noutra atribuição do largo campo de suas funções.

Assim, a doutrina aponta:

> "Direito Notarial é a parte que ensina como fundamento a redigir autenticamente os negócios legítimos dos homens", ditavam outrora, autores medievais.[1]
> "Direito Notarial é a especialidade do estudo da ciência jurídica que se ocupa do notariado[2]".

---

[1] Pedro de Castro Júnior, Noções e Apontamentos de Direito Notarial. Mogi das Cruzes, 1973.
[2] Martinez Segovia, Funcion Notarial. Edicions Jurídicas Europa - América, 1961.

"Direito Notarial o direito da autenticidade ou da forma".[3]
"Direito Notarial é o conjunto sistemático de normas que estabelecem o regime jurídico do notariado".[4]

Em 1954, o III Congresso Internacional do Notariado Latino, realizado em Paris, conceituou o direito notarial como "conjunto de disposições legislativas, regulamentárias, usos, decisões, jurisprudências e doutrina que regem a função notarial e o instrumento notarial".[5]

O professor Leonardo Brandelli, recentemente conceituou assim: "(Direito Notarial) é o aglomerado de normas jurídicas destinadas a regular a função notarial e o notariado."[6]

Outras definições, serão sempre encontradas, salientando-se em comum os mesmos elementos expressos nos conceitos aqui trazidos:

Autonomia do instituto jurídico; objetivo primário; complexo de fontes inter-relacionadas e o regime jurídico do notariado.

Dessa ordem de ideias, sem embargo às definições outras, o melhor conceito, deve aglutinar todos elementos, de modo que o ramo jurídico possa vir a ser vislumbrado, revelando a legitimidade que justifique sua autonomia.

Nesse passo, copio a lição de outrora que expus, cuja ideia a mantenho, por ser viva e contemporânea:

> "direito notarial é o ramo público autônomo da ciência jurídica, que objetivando atingir a justiça, tem

---

[3] José Maria Mustapich, Revista Notarial Brasileira, n°1, 1974.
[4] Rufino Larraud, Curso de Derecho Notarial, Montevidéu, 1952.
[5] III Congresso Internacional do Notariado Latino – Apontamentos do Curso de Especialização. Faculdades Metropolitanas Unidas, Sâo Paulo, 1977.
[6] Teoria Geral do Direito Notarial, Leonardo Brandelli, Livraria do Advogado Editora, Porto Alegre, 1998.

por motivação primeira o estudo das disposições legais, doutrinárias, jurisprudenciais, direitos, deveres e responsabilidades à instituição jurídica notarial, seus integrantes e auxiliares, definindo lhes meios, formas, modo de atuações funções e atividades para o exercício do ofício."[7]

Do exposto, extraí-se que Direito Notarial é ramo da área pública, ainda que seus agentes sejam privados, pois tem no seu escopo interesses gerais da coletividade sendo estruturado, organizado, fiscalizado e montado sob as limitações próprias do poder público. Ademais, o Notário sendo agente privado, tem por delegação, a autoridade estatal.

Firma-se no conceito a ideia de sua autonomia, vinda dos princípios científicos que permitem autorizá-la, prevista e reconhecida na Constituição Federal, regulado por legislação especial, patenteando-se essa condição.

Sendo um ramo jurídico, busca incansavelmente a justiça, comprovando-se essa assertiva quando no exercício do oficio, seus agentes praticam atos que atestam a legalidade, exteriorizando sua justiça. Quando impedido de certificar a validade de ato jurídico, o Notário está em nome do Estado, repudiando-o, por distorcer o fim proposto pelo direito.

Outra característica que lhe é própria decorre dos institutos que dão vida a existência do notariado organizando o ofício, limitando-os e cometendo-lhes responsabilidades e deveres inerentes a função, de modo a destacarem-se essas fontes, de outras também jurídicas que contribuem para motivar ramos jurídicos outros. Os meios e elementos que sustentam as atividades do

---

[7] Direito Notarial Brasileiro, Roberto J. Pugliese, Leud, 1989.

notariado são inerentes a essa condição e constituem também o que se conceitua como Direito Notarial.

E o principal instrumento do notário para exercer sua atividade delegada é a fé pública notarial, inerente à função e singular a esse estatus.

10.2 Fé Pública

O notariado tem como esteio que o distingue e legitima sua existência na sociedade, a prática de atos, concretos ou virtuais subjetivos, na fé pública notarial.

"A idéia de fé tem como notas características a sinceridade de quem afirma a adesão confiante do espírito de quem recebe a afirmação".[8]

A fé pública, ensina J. M. Junqueira de Azevedo, atribuída aos tabeliães, atende as exigências da ordem jurídica, de modo que os documentos notariais devem superar as suspeitas tranquilizando o corpo social. *"Na imensa rede das avenças privadas, o instrumento público deve pairar acima de suspeitas geralmente infundadas".*[9]

O saudoso professor Firmo, tradicional notário paulista, ensina:

> "Então a fé pública tem como fim ou como objetivo primordial atender essa necessidade social para que em determinado momento se possa ter por absolutamente certo os fatos e atos jurídicos da administração,

---

[8] João Mendes de Almeida Júnior, Órgãos da Fé Pública, Saraiva, 1963.
[9] José Mario Junqueira de Azevedo, Manual dos Tabeliães, Saraiva, 1975.

da justiça e dos particulares. É, assim, um elemento da técnica jurídica, criado através de um processo secular de adaptação que veio dar uma solução adequada às necessidades do comércio jurídico e da organização social".[10]

Calha a fiveleta a lição de Pedro de Castro Júnior que segue pela mesma direção:

> "O FUNDAMENTO DA FÉ PÚBLICA é o mesmo em que descansa toda a fé. Os atos que procedem do Poder Público não são presenciados pela maioria dos cidadãos e necessitam ser criados para que sejam cumpridos e respeitados. Se negarmos ou pusermos em dúvida a verdade das disposições cuja formação e promulgação não presenciamos, seriam ineficazes as resoluções dos Poderes Executivo, Legislativo e Judiciário e nada conseguiriam os particulares ainda que seus atos jurídicos fossem autorizados por funcionários públicos. O ato jurídico com a fé pública, se tem POR AUTÊNTICO, palavra derivada do grego que significa: CERTO – VERDADEIRO, o que há de ser crido, o que é fidedigno; portanto, afirma-se a sua certeza como se presente fosse, ao ditar a lei, o preceito, a sentença, na celebração do ato ou do contrato".[11]

Percebe-se que a doutrina nacional acompanha a estrangeira no sentido de que a fé pública trata-se de crença imposta à sociedade, sendo os conceitos e definições bastante variadas, resumindo-se outrossim a ideia de crença popular jurídica coercitiva.

---

[10] Antonio Augusto Firmo da Silva, Compendio de Direito Notarial, Faculdades Metropolitanas Unidas, São Paulo, 1977.
[11] Pedro de Castro Júnior, Profissão de Escrevente Habilitado – Funções Notariais. São Paulo, 1961.

Fé pública é pois a necessidade que o direito, na sua realização, tem de impor ao corpo social a crença de verdadeiros, atos que especifica em sua forma e modo. Trata-se de dogma jurídico, pois prevalece enquanto não provado o contrário, impondo à sociedade o dever de crer na legalidade, legitimidade, fidedignidade etc.

Trata-se portanto de crença da sociedade imposta pelo direito. A crença que ninguém desconhece, porque é pública por ser emanada da declaração de alguma autoridade com poderes para firmá-la, ou por que notório. Trata-se de necessidade social e jurídica, pois, como ensinam os cultores do direito, a sociedade para que tenha segurança de atos e fatos que não presenciou, e o direito, para estabilidade da ordem, se funda na fé, que emana de quem está autorizado a portá-la.

Mas a fé pública não é simples crença, sendo mais que fruto da boa fé, é a afirmação qualificada que é tida como certa, como verdadeira pelo direito positivo.

E o Estado Moderno atribui a órgãos que especifica a autoridade de portar e prestar pela sua fé, transmitindo assim a segurança que se exige no relacionamento do corpo social. Emanada a declaração de fé da autoridade competente, até a sua destruição, todos devem aceitá-la e crer por ser dogma aceitável e não discutível. E nem poderia ser diferente, pois se o fosse, o instituto jurídico estaria debilitado e o corpo social inseguro em suas realizações.

São diversas as espécies de fé pública, com destaque à fé administrativa, a judicial e a notarial. Nesse trabalho, merece atenção a fé pública notarial, a mais importante, privativa dos agentes que dispõe de autoridade para o exercício da função notarial.

Fé pública é pois gênero que inclui a fé pública notarial entre uma de suas espécies.

> "A Fé Publica Notarial é o poder que a lei atribui aos notários em virtude da sua nomeação para o cargo pelo Estado, para que, a pedido das partes e sob determinadas formalidades assegura a verdade de fatos e atos jurídicos que lhe constem ou lhe sejam solicitados. As afirmações dos notários gozam do benefício legal de serem tidas como autêntico até prova em contrário".[12]

Muito importante ter ciência que a fé pública se volta ao mundo dos fatos exclusivamente e jamais ao universo jurídico, sendo a afirmação de existência e não de legalidade. Pedro de Castro Júnior mais uma vez esclarece com perfeição:

> " A qualificação de legalidade corresponde á FUNÇÃO NOTARIAL. As evidências da fé pública notarial só podem ser abatidas por falsidade; a qualificação de legalidade, mediante sentença judicial que declare sua nulidade. Entendemos que fé pública notarial e função notarial entranham concepções distintas, as quais, unidas, formam um complexo através do qual, em sua dinâmica, plasmam a atuação notarial com as características próprias. A chamada função notarial encerra a técnica do notário; a fé pública, uma qualidade especial, oficial, que imprime às asseverações do notário um valor de verdade ERGA OMNES".[13]

Para a doutrina a fé pública notarial é de importância indiscutível, com maior amplitude nos atos privados, que constituem a soma de atuação mais apropriada. É considerada fé pública por antonomásia, cujo grau permitiu constituir

---

[12] Antonio Augusto Firmo da Silva, sic nota 10.
[13] Pedro de Castro Júnior, sic nota 1.

separadamente a disciplina especial, na qual se apoia, entre outros, o Direito Notarial como ciência.[14]

Trata-se de fé declarada por conhecimento pessoal. Distinta, portanto da fé pública administrativa, que se origina do Poder Público diretamente, motivo que o conhecimento desse atestado, firmado pelo notário, é de sua responsabilidade pessoal exclusiva.

> "O notário da fé daquilo que vê, ouve, pelos seus próprios sentidos. E o Direito da fé daquilo que o notário afirma ter percebido. Essa fé, por isso, é pública, de forma geral, e quando emana do notário passa a ser, pelo seu caráter pessoal, a Fé Pública Notarial".[15]

Nesse instituto jurídico, cujos efeitos tornam-se políticos, é que toda a função do notário se estriba, de forma que ao exercê-la estará praticando atos jurídicos distintos de outros agentes públicos ou privados, pois estará agindo sempre confirmando através da fé que haverá de portar, de forma exclusivamente pessoal, tudo que tenha presenciado ou praticado.

Trata-se assim de função que a sociedade exige para que haja segurança jurídica e paz social. Função que dada essa garantia que imprime, se desdobra em atos outros que se completam.

10.3 Função Notarial: Considerações Diversas

O notariado trata-se, portanto de exigência social, indispensável à segurança jurídica de toda comunidade política em

---

[14] Pedro de Castro Júnior, sic nota 1
[15] Antonio Augusto Firmo da Silva, sic nota 10.

todos os graus de desenvolvimento, independente do espaço territorial que lhe for atribuído e da população a esse espaço cometida, permitindo-se então, dada as circunstancias, o desdobramento de notários para servirem concomitantemente.

É necessidade contemporânea que guarda aspectos ultrapassados nas aparências vistas pelo corpo social desinformado, que no conteúdo, acompanhando a dinâmica da virtualidade cibernética e os meios eletrônicos da sociedade moderna, torna-se como outrora, indispensável para prover a sociedade política de segurança indiscutível nos diversos planos de atuação, v.g. com destaque nas relações de família e negociais de forma a alcançar a paz social.

Essa exigência sociopolítica leva a impor-se ao notário a prática de atos pertinentes ao oficio, que lhe é delegado e regulado pelo Poder Público, que deve assim fiscalizá-lo. Tudo dentro da ordem jurídica e política ordinária, estribado na Magna Lei e na legislação ordinária, provido as lacunas e tão somente essas, de atos administrativos marginálias ao regular processo legislativo.

Surge desse complexo de normas jurídicas, condições para exercer a atividade notarial própria, buscando através dos atos que lhes são pertinentes a concretização do direito, no amplo sentido de justiça, fim maior da busca social, como asseverado anteriormente.

Essa atuação faz com que tenha funções que lhes são exclusivas.

Assim, a função notarial terá características decorrentes das exigências da sociedade, adaptadas ao universo jurídico, com o apoio na fé pública notarial indispensável e promoverá a singularidade especial de atingir aos objetivos que fundamentam a própria existência do notariado. Objetivos primários peculiares à função notarial como já apontado no preâmbulo supra.

Essas funções serão a legitimação do próprio notariado. "A função Notarial é o motivo e a razão de ser da própria instituição e consequentemente, do próprio notário",[16] leciona o sabido Pedro de Castro Júnior.

E nesse prumo, essa função, exercida pelo notário, na condição de agente privado, delegado do Poder Publico, independente da complexidade se resume na legalização, instrumentalização e autenticação dos atos que tenha que pratica-los ou fatos que tenha que certifica-los. Trata-se de função tri-partite, que é una, harmônica e indivisível. A função notarial só se completará, se nessa unidade de atos complexos e complementares estiver revestida de legalidade, que permitirá instrumentaliza-la e assim, autentica-la.

Se ilegal, o tabelião não instrumentaliza, tão pouco autentica. Se legal e não for instrumentalizada, sem sua chancela autenticadora, a função notarial não estará aperfeiçoada. De nada valerá. E se legal e instrumentalizada, a chancela trata-se de forma reveladora da autoridade que dispõe.

A função notarial implica pois no reconhecimento público de atestar, que o autor do ato jurídico pretendido é, a pessoa que se declara nessa qualidade. Escapa assim a função do tabelião, reconhecimento autêntico de natureza outra. Resume-se aí, i.é., na legalização, instrumentação e autenticação da vontade, daquele que a manifesta, a função do notário. Exercendo essa função, o agente público titular da fé pública notarial, haverá de exercer em decorrência, outras funções derivadas da primeira.

A identificação do utente é a par da principal função do notário a primordial, básica e fundamental para concretizar as demais peculiares funções de seu oficio.

---

[16] Pedro de Castro Júnior, sic nota 1.

Identificada, pois a parte, o tabelião tem condições de exercer a função notarial. Cumprir o oficio público para o qual foi designado. Sem identifica-la, não tem como exercitar os poderes inerentes da delegação estatal, carecendo de elementos que firme convencimento de que o ato pretendido pelo utente é legal, porque a pessoa no tempo e no espaço, poderá estar ou não estar em consonância com as disposições pertinentes à pratica do ato pleiteado e, se não perfeitamente identificado, poderá ser ou não o individuo que diante do notário tenha manifestado sua vontade livre e independente.

Assim a identificação da parte é o ato próprio que se estriba toda a função notarial.

Esse procedimento de incomensurável importância para o mundo jurídico é exigido, ainda que não seja percebido pelos utentes e pelo próprio notário, de um modo geral, em todos os atos do oficio. Desde autenticações de assinaturas ou de cópias documental, nas certificações de atas de notoriedade de suas lavras ou na elaboração de instrumentos públicos notariais.

Decorre pois que a função notarial para seu exercício, exige que o notário, tenha conhecimento jurídico hábil e seja imparcial, para que possa aconselhar os utentes, qualificando-se como consultor e antevendo riscos futuros de forma a evitá-los e preveni-los impondo-se o dever acautelatório.

> " O notário está tão ligado à vida intima das pessoas, sendo pois sua profissão de confiança, que se consulta-o comumente a cerca de problemas familiares, econômicos e morais dentre outros, alheios ao mundo estritamente jurídico, transformando-se ele num conselheiro das partes."[17]

---

[17] Leonardo Brandelli, sic nota 6.

Para tanto, o tabelião deve ter a experiência além dos limites do universo jurídico, adentrando seu conhecimento, nos meandros da vida social, pois previne litígios agindo no campo da jurisdição voluntária.

O tabelião é quase um magistrado. Sendo sua imparcialidade superior às relações dos utentes e atingindo terceiros, não diretamente envolvidos com o ato notarial que atua. Assim torna-se agente natural do fisco, tutelando interesses públicos dos mais diversos.

Em 1938 Dionysio da Gama assim ditou a respeito:

> "Da mais alta e elevada importância social são as funções desempenhadas pelos tabeliães. Nem podia deixar de ser assim, uma vez que eles, no desempenho de suas funções, agem sempre como depositários da confiança das partes que, perante eles, comparecem; por consequência, como depositários de grandes e valiosos interesses e, muitas vezes, como verdadeiros reguladores da vontade das mesmas partes".[18]

Importante ainda registrar que dada as condições que a função notarial se concretiza e, considerando as qualidades inerentes ao notário para pode-la exerce-la e assim, cumprir fielmente os objetivos próprios da profissão, o notário não pode agir, em hipótese alguma, de ofício, sendo sempre provocado pelo interessado. O tabelião sempre está à disposição da sociedade para exercer a função notarial, mas a iniciativa do exercício sempre dependerá da parte assim requerer.

---

[18] Afonso DIonysio da Gama, Manual dos Tabeliães. Saraiva, São Paulo.

E como corolário da condição que congrega sendo um agente especial da jurisdição voluntária, é preciso assinalar que o exercício da função notarial, mesmo cheia de atos burocráticos exigidos pelo Poder Publico, a serem cumpridos e formalizados, de modo a garantir os direitos das partes e de terceiros, inclusive do Estado, não se suspende em virtude de horário ou dia feriado e outras restrições que não se lhe aplicam.

Ação notarial não se confunde com a ação do registrador público. Inconfundível a função notarial, com objetivos próprios para atingir resultados inerentes a esse exercício profissional, com a função registral.

O notário colhe, a pedido do interessado, sua vontade e a lança nas suas notas, após a adequação do que foi requerido aos interesses públicos. Daí, ter notas espalhadas pelos bairros e distritos longuiquos, as vezes inacessíveis, até sem estrutura urbana mínima, sem energia elétrica, serviço telefônico e de internet à disposição.

A presença do notário é fundamental nesses rincões de modo a permitir que atos jurídicos sejam concretizados com a segurança que o tabelião impõe, evitando que pela falta desses agentes, a manifestação de vontade colida com o interesse público prejudicando o bom direito.

Do mesmo modo, os atos da vida civil ocorrem diuturnamente, ainda que, em determinados dias ou horas, sejam raros e excepcionais. Se no dia a dia, é no horário comercial que os negócios se dão e as obrigações fiscais, previdenciárias, burocráticas de toda a ordem são cumpridas, também na plêiade de gente e interesses econômicos ou morais, podem se dar, inadiavelmente em dias que os serviços públicos não funcionem por ser feriado ou dado o adiantado da hora.

Igualmente é lícito que o notário tenha uma sede oficial. O cartório onde os atos sejam praticados regularmente. Mas, por circunstancias especiais, não se permite inibir que o tabelião em diligencia, dentro da área territorial para o qual foi provido, pratique atos inerentes a função notarial quando solicitados.

Por comodidade ou necessidade o notário para colher a vontade das partes, dentro do espaço legal que se lhe impõe, a pedido deve atender o utente no lugar que este solicitar.

O Poder Público pode ordinariamente dispor sobre o horário e dias de funcionamento regular dos serviços notariais, mas não deve impedir que atos notariais sejam praticados a qualquer dia e hora, bem como lugar, pela relevância da exigência que se apresenta.

Portanto, limitando-se a expor a legitimidade da prática do notário, sem limitações desse exercício funcional, merece respeito o que diz o célebre civilista Teixeira de Freitas:

> "Os actos em que intervém o tabellião não são, como os judicaes, dependentes de dias úteis, nem de certas e determinadas horas; podem ser praticados também aos domingos, dias santos de guarda e nos feriados, e a qualquer hora do dia, ou da noite".[19]

É preciso salientar que atos notariais que se praticam fora do horário comercial e que dependam de burocracia externa, tais como recolhimento de impostos ou apresentação de certidões devem ter expressamente anotado que essas exigências serão cumpridas, imediatamente no primeiro dia útil, ficando o

---

[19] Teixeira de Freitas. O Tabelionato. Consolidação das Leis Civis. Rio de Janeiro, S.D.

encargo sob responsabilidade do utente que deu causa a excepcionalidade e é devedor da obrigação.

Vale dizer também que, nesse contexto, eventual ausência de estampilhas ou selos de autenticidade, dada as circunstancias territoriais inóspitas ou horário adiantado ou até, descuido no acervo que não manteve estoque suficiente, não impede também que o ato seja concretizado.

A fé pública notarial, o conhecimento jurídico, as qualificações do notário, enfim, todas as características inerentes ao oficio e as funções notariais se dão independente de formalidades burocráticas que podem ser abonadas à posterior. Impedir que se oponha a chancela tabelioa num documento por não existir carimbo ou não ter a mão o selo de fiscalização, é tolher o exercício próprio do notário, impedindo seja praticado o oficio para qual foi designado.

A excepcionalidade, no entanto não exime o notário de ultimar suas obrigações atinentes à função notarial que será exercida. Nem tão pouco apuradas, conforme as condições que se apresentem, sua responsabilidade, pelas omissões ou arbitrariedades e abusos.

Importante salientar que nas condições excepcionais que se dão no dia a dia das civilizações, como outrora e ainda hoje, quer pelas circunstancias momentâneas das pessoas ou até dos lugares onde se encontram, o notário deve deixar de lado as exigências burocráticas e atender ao utente com as limitações circunstanciais. Equivocada e merecedora de censura, com imposições de penas administrativas ou civis, será o notário responsabilizado se sob o argumento de que, face a data ou horário excepcional, ou inexistência de órgão oficial para recolher impostos ou extrair certidões, indispensáveis para formalização do ato requerido, não atender o interessado e deixar de praticar o ato notarial não exercendo a função que lhe própria e foi conferida pelo Estado.

A função notarial é tão relevante para a sociedade e revela-se indispensável para a paz social que, no exterior, a prática de atos notariais são delegadas aos cônsules brasileiros e, nos pontos distantes e isolados, em pequenos distritos acanhados, a função notarial é delegada cumulativamente a registradores, para que fique provido o agente da fé pública notarial, evitando-se que tão importante função social provoque vácuo e possa causar indícios de insegurança jurídica, com reflexos sócios econômicos fora do controle.

O notário tem a missão de trazer a segurança e a paz social. Isso porque a função notarial, pela fé pública, certifica fatos e pelo conhecimento, modela o interesse dos utentes ao interesse social.

Dentro dessa órbita, o tabelião pratica atos que ora são de sua ciência própria e outros tomados por declaração, os quais são, como já dito, submetidos ao seu conhecimento abalizado e a certeza da fé pública que se lhe impõe.[20]

Os atos praticados no exercício dessas funções, por conhecimento direto, entre outros, destacam-se as autenticações de assinaturas, letras e sinais postados em sua presença; autenticações de reproduções de cópias conferidas e confrontadas em sua presença; a expedição de traslados e certidões de atos do acervo de seus arquivos; públicas – formas de documentos exibidos ou arquivados; os protestos de letras e títulos que lhe são confiados e agora modernamente admitido pelo direito brasileiro, as atas de notoriedades.

---

[20] José Mario Junqueira de Azevedo, Manual dos Tabeliães, Saraiva, 1975.

Essa gama de atos, no dizer de Oliveira Machado, é classificada como secundário o que não é plenamente aceito pelos doutrinadores.[21]

Os demais atos fruto da função notarial são exercitados por declaração prestada pelo utente que o requer. São atos que advém de declaração que são instrumentalizados em suas notas, com enxertos e documentos que são postos nos arquivados de seu cargo.

> "As escrituras públicas, sejam elas as assim denominadas, sejam as de testamento público ou aprovação do cerrado, sejam as de procuração ou outras que a fértil imaginação vier denominar, tratam-se dos atos instrumentalizados em suas notas, assim também os apontamentos e notas de protestos de títulos cambiários."[22]

Enfim, nesta parte, vale salientar que a função notarial confere ao notário função social relevante, que imprime no corpo social, posição especial, não apenas pela peculiar titularidade da fé pública notarial ou pela singularidade do conhecimento jurídico e social pertinente ao exercício da delegação que lhe é outorgada, mas, principalmente por ser o mais astuto agente da paz social.

O tabelião cumpre a sua função social relevante no seio do território que exerce sua delegação, como agente singular e mais adequado para distribuição justa e pacífica da justiça, valendo-se da fé pública e do conhecimento técnico, atributos que lhes são próprios.

---

[21] Oliveira Machado, Novíssima Guia Prática dos Tabeliães. Rio, S.D.
[22] Direito Notarial Brasileiro, Roberto J. Pugliese, Leud, 1989.

Quer nas inóspitas regiões agrestes esquecidas em distantes pontos perdidos, onde rara população local, mormente inculta e despida de seus mínimos saberes cidadãos, ou então, nas grandes cidades e metrópoles estruturadas, com variada gama de cidadãos cônscios de seus mínimos direitos, repleto de universidades e todo equipamento social indispensável para o melhor exercício da vida contemporânea, o notário, no exercício de suas funções decreta amistosamente o direito evitando conflitos.

Cumpre a função social por serem os primeiros juízes voluntários dos utentes; quando através de seus testemunhos atribuem à manifestação de vontade daqueles que na sua presença sóbria se declaram cônscios de direitos e obrigações; quando contratantes submetidos ao profundo conhecimento dos fatos se curvam diante da fé de sua autoridade fiel e irrecusável; enfim, cumpre a função social ao evitar que demandas intermináveis se arrastem nos foros das abarrotadas comarcas de lides fruto de desavenças de todas as ordens.[23]

10.4 Considerações finais

A função notarial com esteio na fé pública se viesse a ser mais explorada pela sociedade provocaria dinâmica contrária do que possa aparentar.

A burocracia e custos elevados que se atribuem ao exercício das funções notariais com a movimentação maior desses tramites extrajudiciais, teriam custas ainda menores, e exigiria maior número de agentes com tal delegação, como se da com o notariado livre do Uruguai.

---

[23] Odilon Navarro, Novíssimo Manual dos Tabeliães. Livraria Teixeira, 1948.

As exigências normatizadas pelos órgãos fiscalizadores, notadamente pelos agentes tributários de todos os níveis; serviços de seguro social e pelo Poder Judiciário, através de suas diversas Corregedorias teriam melhores condições para simplificarem a gama de medidas que recheiam antes e depois a pratica de atos notariais, revelando na maioria das vezes insegurança diante dos delegados notariais e despreparo total para o exercício de funções e cargos que ocupam.

A sociedade civil num todo estará muito melhor segura se a obrigatoriedade da intervenção notarial se expandir para a pratica dos atos civis, do que atualmente, como se dá, a prática da maioria dos atos civis das gentes se dá de modo livre, sem essa pretensa intervenção.

O Estado, se submetendo à fé publica notarial, para a prática de atos de cunho civil, a par de tornar público para a sociedade suas ações, na maioria das vezes, celebradas às escuras e distantes do olho crítico da população, será refém de agentes qualificados, com conhecimento hábil para melhor orientar a prática de ações voltadas para o interesse público, privado e estatal, com o cabedal da fé pública notarial e toda a independência que se lhe impõe o serviço delegado.

A presença do notário em atos da administração publica e da vida civil cotidiana proverá, sem qualquer receio, de melhores condições de segurança jurídica para a sociedade e assim também para o poder público em todos os níveis, dada as condições próprias desses agentes da paz social.

Sem dúvida haverá sensível diminuição de litígios que se submeterão ao Poder Judiciário, posto a qualificação dos atos submetidos ao tabelião, que portará seu conhecimento e sua fé.

Enfim, vale encerrar, transcrevendo a lição de Oliveira Machado[24]:

> "O tabelião é o inestimável antídoto da demanda. Genuíno produto da primitiva civilização, é o seguro paládio da família e o mudo penhor do lar doméstico.
> Escrevendo o instrumento com toda individuação e pureza, ele embarga o subterfúgio do pactuante malversor, que projeta envolver o outro nos sinuosos meandros da chicana imprevista.
> Confidente de todos os erros, de todos os segredos, ele aconselha a justa reparação pelo cumprimento da obrigação, pelo pagamento devido, pela restituição, pela esmola, pelo legado.
> Em todas as nações, mesmo nas épocas menos iluminadas, o tabelião tem merecido peculiar distinção dos poderes públicos. Na própria Roma, o escravo investido d'aquele cargo de prerrogativas recusadas aos outros do seu estado, Carlos Magno colocou-o ao lado da magistratura. Os países novos dão-lhe atributo da nobreza.
> Se o juiz põe fim a lide pela decisão, cruel para um e propícia para outro – chorando aquele e rejubilando-se este – o tabelião, com traços da inocente pena, sem sorriso e sem lágrimas da parte, ou absorve o litigo, resolvendo-se antes de incidir na tela judiciária, ou apaga, pela quitação, seus funestos vestígios".

Referências

Afonso Dionysio da Gama, Manual dos Tabeliães. Saráiva, s.d.

Antonio Augusto Firmo da Silva, Compendio de Direito Notarial, Faculdades Metropolitanas Unidas, São Paulo, 1977.

---

[24] Oliveira Machado, Novissima Guia Prática dos Tabeliães. Rio, S.D.

Antonio A. F. da Silva. –III Congresso Internacional do Notariado Latino. Apontamentos. Faculdades Metropolitanas Unidas, 1977.

José Maria Mustapich, Revista Notarial Brasileira, nº 01, 1974.

José Mário Junqueira de Azevedo, Manual dos Tabeliães, Saraiva, 1975.

João Mendes de Almeida Júnior, Órgãos da Fé Pública, Saraiva, 1963.

Leonardo Brandelli, Livraria do Advogado Editora, Porto Alegre, 1998.

Martinez Segovia, FUncion Notarial. Edicions Juridicas Europa-América, 1961.

Odilon Navarro, Novíssimo Manual dos Tabeliães. Livraria Teixeira, 1948.

Oliveira Machado, Novíssima Guia Prática dos Tabeliães, Rio, s.d.

Pedro de Castro Júnior, Profissão de Escrevente Habilitado. Funções Notariais. São Paulo, 1961.

Roberto J. Pugliese, Direito Notarial Brasileiro, Leud,1989.

Rufino Larraud, Curso de Derecho Notarial, Montevideu, 1952.

Teixeira de Freitas. O tabelionato. Consolidação das Leis Civis, Rio de Janeiro, s.d.

LETRAS Jurídicas

QUEM SOMOS

Editora LETRAS JURÍDICAS e LETRAS DO PENSAMENTO, com quinze anos no mercado *Editorial e Livreiro* do país, é especializada em publicações jurídicas e em literatura de interesse geral, destinadas aos acadêmicos, aos profissionais da área do Direito e ao público em geral. Nossas publicações são atualizadas e abordam temas atuais, polêmicos e do cotidiano, sobre a mais diversas áreas do conhecimento.

Editora *LETRAS JURÍDICAS* e *LETRAS DO PENSAMENTO* recebe e analisa, mediante supervisão de seu Conselho Editorial: *artigos, dissertações, monografias e teses jurídicas* de profissionais dos *Cursos de Graduação, de Pós-Graduação, de Mestrado e de Doutorado, na área do Direito e na área técnica universitária, além de obras na área de literatura de interesse geral.*

Na qualidade de *Editora Jurídica e de Interesse Geral*, mantemos relação em nível nacional com os principais *Distribuidores e Livreiros do país*, para divulgarmos e para distribuirmos as nossas publicações em todo o território nacional. Temos ainda relacionamento direto com as principais *Instituições de Ensino, Bibliotecas, Órgãos Públicos, Cursos Especializados de Direito* e todo o segmento do mercado.

Na qualidade de *editora prestadora de serviços*, oferecemos os seguintes serviços editoriais:

- ☑ Análise e avaliação de originais para publicação;
- ☑ Assessoria Técnica Editorial;
- ☑ Banner, criação de arte e impressão;
- ☑ Cadastro do ISBN – Fundação Biblioteca Nacional;
- ☑ Capas: Criação e montagem de Arte de capa;
- ☑ CD-ROM, Áudio Books;
- ☑ Comunicação Visual;
- ☑ Consultoria comercial e editorial;
- ☑ Criação de capas e de peças publicitárias para divulgação;
- ☑ Digitação e Diagramação de textos;
- ☑ Direitos Autorais: Consultoria e Contratos;
- ☑ Divulgação nacional da publicação;
- ☑ Elaboração de sumários, de índices e de índice remissivo;
- ☑ Ficha catalográfica - Câmara Brasileira do Livro;
- ☑ Fotografia: escaneamento de material fotográfico;
- ☑ Gráficas – Pré-Impressão, Projetos e Orçamentos;
- ☑ Ilustração: projeto e arte final;
- ☑ Livros Digitais, formatos E-Book e Epub;
- ☑ Multimídia;
- ☑ Orçamento do projeto gráfico;
- ☑ Organização de eventos, palestras e workshops;
- ☑ Papel: compra, venda e orientação do papel;
- ☑ Pesquisa Editorial;
- ☑ Programação Visual;
- ☑ Promoção e Propaganda - Peças Publicitárias - Cartazes Convites de Lançamento, Folhetos e Marcadores de Página de livro e peças em geral de divulgação e de publicidade;
- ☑ Prospecção Editorial;
- ☑ Redação, Revisão, Edição e Preparação de Texto;
- ☑ Vendas nacionais da publicação.

CONFIR

Nesse período a *Editora* exerceu todas as atividades ligadas ao setor *Editorial/Livreiro* do país, o marco inicial da profissionalização e de sua missão, visando exclusivamente ao cliente como maior de seus objetivos e resultados.

O EDITOR

A Editora reproduz com exclusividade todas as publicações anunciadas para empresas, entidades e/ou órgãos públicos. Entre em contato para maiores informações.

Nossos sites: www.letrasjuridicas.com.br e www.letrasdopensamento.com.br
E-mails: comercial@letrasjuridicas.com.br e comercial@letrasdopensamento.com.br
Telefone/fax: (11) 3107-6501 - 99352-5354 - 99307-6077